自覚の錬金術

「真の私」へと至る道

ナチュラルスピリット

ゲート Gate＝著
田邉 文＝訳
ドルフィニスト篤／ドルフィニスト綾子＝監修

最も大切なのは無条件に偽物の自我・エゴを消し去って
本物の私を探し出すことです。

——ゲート

もくじ

第二章　死について正しく見る――　38

第三章　〝私〟に目覚めていく――自覚――　82

第六章　〝カルマの法則〟を超えていく――231

第七章　私自身を愛する愛こそが最も偉大――自主独立への道

自覚の錬金術

「真の私」へと至る道

第一章　数万回も繰り返した輪廻を卒業するとき

地球に残された輪廻はあと三千年

私たちは年を取れば、いつか病気や老衰により死を迎えます。肉体を持っている限り、それは避けることはできません。誰もが必然的に死を迎えるようになっているのです。

これは個人についての話ですが、人類共通の話でもあります。つまりそれは、全人類が期限付きで生きているということです。人々が怠惰に生きて、死んで、という輪廻を繰り返す――このような時間が数千年、数万年、数億年というように際限なく続くわけではないのです。

実は、物質の時間では、それは一千万年に限られています。皆さんは一千万年の間に数限りなく輪廻を繰り返していますが、一千万年の間に到達する必要がある、意識のカットライン（ある一定のクリアすべき意識水準）が存在しています。そのカットラインを通過してこそ、次の進化サイクルの旅をすることができるのです。

ですから、数限りなく輪廻を繰り返しても、ある一定の水準に到達していない場合は、一千万年遅れている霊魂たちと、また地球で浪人しなければならないのです。

なぜ私がこの話をするかというと、既に一千万年のうち、九百九十九万七千年が経っているからです。つまり、残っているのはあと三千年しかありません。三千年以内に、ある程度の意識レベルまで到達していない場合、皆さんは浪人せざるを得ないのです。

しかし、このカットラインを通過できる人は、皆さんよりも一千万年先行している進化周期の人々と合流できます。そして彼らはこの地球ではなく、他の惑星へと行くのです。

あと三千年あるといっても、一回の輪廻では百年も生きられません。計算上では三十回の輪廻ができますが、そのようにはうまくいきません。いくら輪廻が早くできるとしても、この期間では五回から十回の機会しかないのです。

今の人類を見てください。恨み、鬱憤、憤怒、闘争、このようなものが爆発寸前です。あちらこちらで噴出してはいますが、それでも今はまだ平和な時代だと言えます。世界的な争いが、早ければ八十年から百年後、遅くとも百五十年後には始まりますが、そこから四百年間は修羅場になります（2024年12月の講話では、次のような言及がありました。「人類の否定的な想念が地球の自転に影響を及ぼし、それが原因となって人類の精神がより不安定になっていく。この連鎖が加速していて、世界的な争いが2025年には本格的に始まり、2050年までには地軸の移動が起こり、特に地盤が弱い日本においては一部の地域を除いて、海が陸地になり、陸地が海になる」）。ですから、その時代に生まれた人たちは、悟りを求めたり、座禅をするようなゆとりはありません。生存のために逃げることで精一杯です。これは本当の話です。

この肉体の生活を楽しまれている方々は、次回もまた生まれ変わって、何かをしようと思われるかもしれません。輪廻の繰り返しは、ある意味で保証されています。しかし、そのように思ってしまったら大きな間違いを犯すことになるのです。

ある人が予言をしました。「大切な自分の子供の手首を掴んで引っ張る余裕さえないくらい混沌とした時代だ」と。ある透視能力者も同じような未来を見ています。

今、世界各地で戦争や事件が起こっていますが、原始時代よりいいことが何かあるでしょうか。精神的には原始時代の方がよほど良かったのです。ですから未来は暗いのです。
しかし、それさえも一つの学びの過程ですから、慌てる必要もなく、ただ私たちが卒業すればいいだけです。とはいえ、それを三千年後に延ばすのはやめていただきたいのです。

この人生で私という自我を否定する

皆さんが初めて肉体を持って物質世界を経験し始めたときは、自分の生や自分の人生、あるいは自分自身に対してとても無知でした。ですから「人生にはとても価値がある。それは経験というものだ。経験にはそれなりの意味があり、価値がある」という話も一理ありました。

けれども、皆さんはあまりにも経験をし過ぎました。その度が過ぎたのです。物質界の経験は、何十回かは十分に価値のある経験だということができます。偽物の経験であろうとも、それなりに意味のある経験ではありますが、何十回ではなく、何百回でもなく、何千回ももう過ぎて、何万回というレベルに入っているのに、皆さんは偽物が本物だと思い込んでいます。本物が存在しているということすら、わからない状態なのです。

　今回の人生では、人生においてどのような意味も探してはいけません。人生には意味も価値もありません。それはすべて偽物で幻想です。

　ある美しさや崇高さ、そういった概念たちはすべてきれいに忘れてください。偽物が持っているすべてを捨てなければいけません。経験するにしても、何回、何十回かすればいいのであって、数千回、数万回と何の意味も価値もないことを、車輪を回すように生死を繰り返す必要はないのです。

　この人生では徹底的に私という自我を否定し、私の世界というものを否定してください。この偽物に引き回されない限り本物が現れてきます。

　偽物がしていることは何でしょうか？　悩み、ストレス、心配、比較、欲望——何の価値もありません。偽物がしていることはそのように価値がないことなのです。ある程度の経験をするのはいいですが、何千回、何万回も繰り返してはいけません。

偽物を徹底的に消し去ることで、本物が現れる

死は等しく平等にやってきます。死んでしまったら、生きている間にやったことにどのような意味があるでしょうか。死んでしまったら、今考えている責任や義務というものがどれほど空しいものでしょうか。

なぜ生きているときに、そのような考えを持つことができないのでしょうか。責任感や義務感も何回、何十回かなら理解できますが、何千回、何万回となると、それは明らかに無意味です。

真実とは苦いものです。真実は甘くはないのです。皆さんは徹底的に、自分になりすましている偽物を消さなければいけません。偽物というのは自我・エゴです。偽物が消え去ると本物が現れます。しかし、偽物を自分自身だと錯覚したままで、想像力を駆使して本物をイメージしても、それは本物ではあり得ません。

偽物はすぐにこう言います。「本物もいいけれど、私は偽物で満足します」と。それが偽物の私の特徴なのです。偽物である自我・エゴは、そうやって本物を探し出させないように

してしまいます。「私は目の前の現実に満足すればいい。私はこれを受容、許容、包容しよう。これがまさに天国じゃないか」

私ははっきりと断言します。すべて嘘です。錯覚です。最も大切なのは無条件に偽物の自我・エゴを消し去って、本物の私を探し出すことです。

皆さんが消え去るのではありません。恐れを持つ必要はありません。恐れは偽物の私だけが持つものです。心残りや未練や不足感は、偽物が持つものなのです。これを徹底的に排除しなければなりません。そうしたら本物の私が現れます。

それは私が言葉で説明する必要はありません。そのときになったら、本物の私が自然と言葉をかけてきます。本当の私の人生、真実の私、真我というものが現れてくるのです。これをヒンズー教ではアートマン、仏教では仏性《ぶっしょう》と言います。

存在の奴隷ではなく、存在の主人として生きる

〝本当の私〟を生きても、皆さんは存在界に残ります。ただし、存在の奴隷として生きるの

ではなく、存在の主人として残るのです。今までは存在の奴隷として生きてきました。物質の奴隷、考えの奴隷、感情の奴隷……どれ一つ取ってみても皆さんは自由ではありませんでした。

しかし〝本当の私〟を探し当てれば、そんなものに引きずり回される必要がないのです。不足感も比較も必要ありません。すべてのものを現れるようにさせ、あるようにさせ、なくすようにさせる〝私〟がいます。〝本当の私〟を探し当てたとき、今までと同じように存在の経験はしますが、存在の奴隷としてではなく、存在の主人として経験していくのです。

そのように悟っていった人はいますが、ほとんどの人類はまだ奴隷として生きています。しかし、ほとんどの人たちが奴隷として生きているからといって、皆さんまで奴隷として生きていく必要はないのです。

ですから、「これは偽物だ」ということを悟らなければいけません。偽物の私を悟るには、偽物の私に引きずり回されてはいけません。皆さんを自由にさせずに苦しめ、拘束しているものは、すべて偽物です。

このように、真実は接近すれば接近するほど甘くはなく、苦いのです。

惑星の存在価値は、人類の目覚めにかかっている

地球だけではない、この宇宙における法則について話そうと思います。

宇宙が見る観点や基準は、人間が見る観点や基準とはまったく違います。ある一つの惑星で、たとえば地球という惑星で目覚め、悟りというものが起こらないとしましょう。そこに暮らしている人間たちは目覚めていく存在ではなく、ただ催眠にかかって生きていく何十億の人々だとしたら、その惑星には意味がなく、価値がないと見なされ、惑星としての存在理由がないということになるのです。

意味がないとはどういうことでしょうか。価値というのは何によって測るのでしょうか。それは目覚めが起こるかどうか、というところです。つまり、人類が目覚め、悟りというものに向かって生きるのではなく、催眠にかかったまま生きていくのなら、地球は存在理由をなくすということです。

そうなると、この惑星は滅亡するかもしれません。大地震や大洪水が起こるか、隕石がぶつかるかもしれません。

私たちのいる地球上では、そのようなことが過去に数限りなく起こってきました。私一人に起こるのなら個人的な事故だと言えます。けれども、大きな隕石がぶつかって、大きな被害が発生し、何十万人もの人々が亡くなったとしたら、それは大災害、自然災害と言われます。もしそのようなことが起こったら、その惑星に住んでいる存在たちは滅亡するでしょう。

では、その惑星には滅亡する前に何があったのでしょうか。家族があり、社会があり、組織があり、国があり、そして世界がありました。しかし、一瞬にしてそれらは破壊されてしまいました。実際にそのようなことが、私たちの地球で何十回も起こりました。なぜでしょうか。

それは、その惑星が存在の価値をなくしたからです。すると、人類がまったく望んでいない災難がやってくるのです。私たちはそれに対して「自然がもたらす災難だ」「天から降った災難だ」「神の審判だ」と受け取るのです。

ですから億単位の人がいようとも、社会という概念があろうとも、そういったものも災害が起これば一瞬のうちに消え去り、何の意味もなくなります。それは、砂の上に建てられた城のようです。波が一度打ち寄せたら、跡形もなく消えてしまうのです。それが組織であり、社会であり、国家というものです。

そういったものが、跡形もなく消えてしまうというのが宇宙の観点です。そこに属している人類の観点から見ると、とても広大で複雑なように見えますが、それが一瞬にして消え去るのです。

何十万年も前、この惑星には高度に発達した文明がありました。科学も今よりはるかに発達していましたし、宇宙船を開発して他の惑星と行き来することもできていました。そのときも組織、社会、国家、世界があり、宗教もありましたが、すべて一瞬にして消えました。ごく一部分の人だけが生き残り、ごく少数だけが地球に留まりましたが、他の惑星に逃げていった人もいました。

今、私たちが生きているこの時代は、何十万年も前に発達していたその文明から見たら、原始時代のように見えるでしょう。その当時はウイルスに対してワクチンを開発することはしませんでした。人の寿命はとても長く、ほとんどすべての病気を治療することができるような、驚くべき文明を持っていたからです。

ただ、あるときから自覚をなくしてしまったのです。そして、原始時代のように生きている今の私たちと同じように、あることをしてしまったのです。二つに分かれて反目し合い、高度な科学技術で同じように戦争を起こしました。そして一部の人は、その技術を他の宇宙に持っていき、良くないことに利用しました。私たちの地球は井の中の蛙のようです。地球だけではなく太陽系も、さらには私たちが属している銀河さえも井の中の蛙なのです。

本当に広い宇宙の観点に立って、宇宙のメンバーに仲間入りするのであれば、宇宙船を開発して惑星間を行き来するような基準ではなく、もっと意識が成長しなければいけないのです。意識と精神水準が、宇宙のメンバーになれるほど進化しなければいけないのです。それができない状態でいながら科学技術だけが発達すれば、宇宙の大きな秩序を破壊することしかできません。そのとき、宇宙がどのような決断を下すかというと、高度に発達した文明を跡形もなく消し去る、ということです。

このような過程は何度も繰り返されていますが、今また、その方向に向かっているのです。今まで私たちはこの分岐点に立つこともできずにいました。しかし、人類がその頂点に立ったとき、成長できずに利己心や残虐さだけを発達させていったならば、すぐさま決断が下され、清算されてしまうのです。

これは避けることのできない運命です。ですから、そうなる前に、私たちは意識の成長を成し遂げて卒業しようという話をしているのです。

残念ながら、人類は今、利己心の終点に向かっているところです。ですから皆さん、この人生にも、この世界にも、何の意味もないのです。過激に聞こえるかもしれませんが、この世界から学ぶべきことなど何もないのです。ですから皆さんは、この世の中、この世間というものに、本来属していてはいけないのです。

この世で最も大切なことは意識の成長

自分自身に集中するということは、自覚する機会が増えるということです。自覚をすると私が変わっていき、ずっと私が変わり続けていけば、私は自分自身から自由になっていけるのです。それほど自覚することは貴重です。

人生において大事なことは何でしょうか？

悟ること、自覚することしかありません。

この世で最も大切なことは、私の意識の成長です。私の意識が成長することほど偉大なことがあるでしょうか。ただ無知蒙昧に物質に溺れて生きて、一体何の意味があるのでしょうか。

私が一回でも気づき、自覚し、悟ることによって、自分の意識の成長が起こっていくことが大切です。これは私の人生を変えることです。そして私の存在自体を変えることです。これは単なる肉体的な存在ではなく、真に精神的な存在になるということです。

では、肉体的な存在とは何でしょうか。

それはただ考え、感情、心がくっついているだけの肉体的な存在のことです。そのような肉体的な存在は決して大事なものではありません。そのことはお釈迦さまが何度も話しています。そのような人が数十万、数百万、数千万人いたとしても、何の意味もないのです。

極端に聞こえるかもしれませんが、私自身を目覚めさせる人、自覚をする人、目覚めて意識成長する人、その一人の人が数百、数千、数万の人よりも意味があり価値がある大事な人なのです。その一人の人が大事だという計算方法は、今の皆さんには理解することができないと思います。「数百、数千、数万の人よりも、どうしてたった一人の人が大事だと言えるのか？」、そう言いたくなるのは目覚めることのできない人の計算法なのです。

では皆さん、催眠にかかっている一万人の人とたった一人の正気の人と、どちらが大事でしょうか。極端な表現に聞こえるかもしれませんが、一万人の自分の意識を失っている人は何の意味もありません。たった一人の自分の意識を取り戻した、正気に返った人の方が大事なのは当たり前です。夢に陥っている人とたった一人の目を覚ました人と、どちらが大事でしょうか。夢の中、眠りの中に陥っている人は、何をすることができるでしょう。ただ夢の中、眠りの中で幻想を見ているだけなのです。

これから、輪廻を卒業して地球を卒業するためにどのように意識成長を成し遂げていけばいいのかを、具体的にお話ししていきます。

物質と意識は本質的には同じ

「色即是空　空即是色」という言葉があります。『般若心経』に出てくるお釈迦さまの言葉です。後世の人々は「色即是空」は「物質的現象には実体がない」ということをお釈迦さまが強調なさったものだと解釈しています。

実は、これはお釈迦さまが言いたかったことではありません。『般若心経』は、物質のあるなしに関する話ではなく、物質と非物質、すなわち物質と意識に関する話です。言い換えれば、物質と意識は波動の差異があるだけで、本質的には同じだという意味です。物質の波動が高くなると意識になり、意識の波動が低くなると物質になるという道理です。「あるものはないもので、ないものはあるものだ」、これが理屈に合う解釈でしょうか。

「色即是空　空即是色」は、物質を意識に昇華させ、意識を物質化させることができるということです。誰がそのような現象を引き起こすことができるのでしょうか。それもまた私の心、私の意識、私の精神にかかっているということです。これを〝一切唯心造〟と言います。

併せてお釈迦さまは弟子たちに、〝八〟が最も安定した数字だという話をされました。当時の弟子たちはお釈迦さまのその言葉を理解できませんでした。智慧第一《ちえだいいち》という舎利子さえも、お釈迦さまのその言葉を難解だとしました。

お釈迦さまは、早くに天眼を通して森羅万象の理を見抜いていた方です。物質の根幹を成す原子の電子配置もすべて八つで構成されています。それで八は肯定的バランスの数字とされるのです。三千年以上も前にこの世にいらしたお釈迦さまが、驚くべきことにこのことに対する言及をされていたのです。

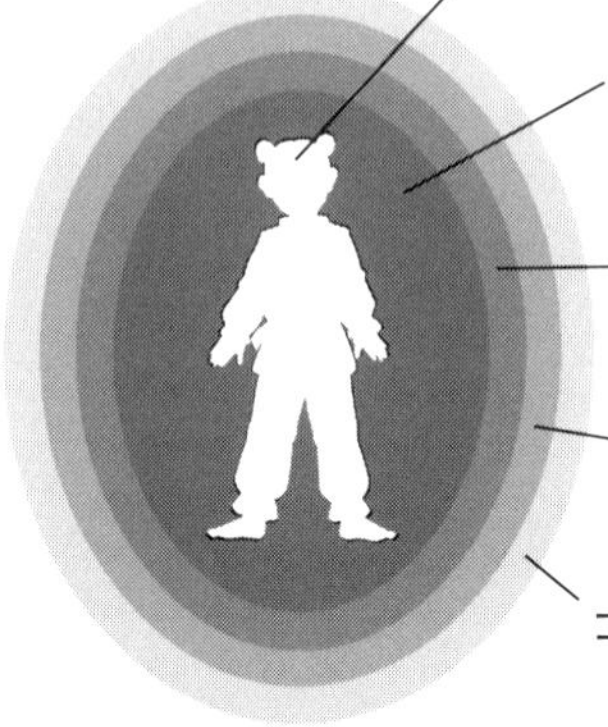

■ 肉体を取り囲むエネルギー層

物質の世界は堅固ですが、エーテル（気）の観点では物質は虚像です。エーテルは物質の障害を受けません。そのため、エーテルは何の制約も受けずに物質を通過します。これは霊魂が壁を通過する理屈と同じです（上図参照）。

同様に、次元が上昇するとアストラル（感情）の観点ではエーテルは虚像であり、メンタル（思考）の観点ではアストラルは虚像であり、コーザルの観点ではメンタルは虚像です。輪廻を重ねる宿命界はメンタルまでです。メンタルを超えたコーザルの世界ではカルマの選択ではなく、本人の意識が選択権を持つことになります。

では、どのようにすればそのようなことが可能なのでしょうか。物質界のように次元ごとに堅固な世界を成しているものが、どうして次元が変わるたびに、それ以前の世界が虚像のように感じられるのでしょうか。「色即是空　空即是色」とはその世界が堅固なのではなく、その世界に対する信頼が堅固だということです。すべての世界は結局考えであり、また意識で成り立っているのです。

たとえば、ある考えに我を忘れて陥っているとき、その考えに絶対的に固執するとき、それは堅固で確固たる考えの世界になります。けれども考えが変わり、その考えの世界から抜け出したとき、それ以前の考えが虚像のように消えてしまうのは、まさにそのような道理なのです。あの世の住民たちが、稀にではありますが辿ることになる経験です。自分たちが固執していた固定観念が変わることにより、自分が今まで暮らしていた環境が突然消えてしまい、目の前に今まで一度も見たことのない光景が現れるのです。霊魂は決して移動しません。考えが変わっただけです。考えが変わることで別の世界が広がるのです。

難しく考えているのは偽物の自分

これからは深刻になる必要はありません。何事も難しく考えることは禁物です。それは偽物がしていることです。偽物はいつも考えて深刻になって、難しく作り出すのです。

本物はそのように難しくする必要も理由もありません。なぜ、そのようにストレスを受けなければいけないのでしょうか。偽物はなぜ悩みが生じ、なぜ恐れを感じるのでしょうか。「悟りとはあれだ」と偽物が定義をし、定義に自分や人を収めようとします。収めようとしてストレスを受け、収まらなくてもストレスを受けます。その定義は誰が作るのでしょうか。紛れもなく自分自身です。

あれだ、これだと定義をするのは偽物です。では、その定義は誰が作るのでしょうか。誰が「本当の私は空《くう》だ」と言っているのでしょうか。誰が「色即是空　空即是色」と言っているのでしょうか。すべて私ではありませんか。

そのように定義にこだわる人は、もう一度『般若心経』を読んでみてください。一節一節にそういったものはすべて偽物だと書いてあります。『般若心経』の中で観自在菩薩が自分自身を探す場面がありますが、すべて否定の言葉から始まります。本当の私は、定義に収まらないから否定するのです。私は『般若心経』を卒業した立場から「誰がそう考えていますか？」と言っているのです。

禅師は、どれほど頭が良かったことでしょう。〝虚空〟という言葉を使った禅僧たちはたくさんいました。そして、「虚空という言葉を使った途端、虚空という言葉の中に自分を留めてしまう」と禅師たちは言いました。

本物の前では何も通じないのです。そして本物の私自身を探し出した人は、言葉であまり語りません。

考えてみてください。本物の私自身になったら、本物の私が「本物だ！」と言う必要があるでしょうか。本物になったら虚空になってもかまわないし、何になってもかまいません。何になろうとも問題ではないのです。これになっても、あれになっても問題ありませんから、これでなくても、あれでなくても、かまわなくなるのです。そのすべてを誰があるようにさせているのでしょうか。その位置にいるのに、何か別のものを作り出さなければいけない必要性があるでしょうか。

死後も霊魂というマトリックスに陥るのはなぜか

意識成長を成すためには、生きている間に死について考えなければいけません。死を迎えると、霊魂は肉体を抜け出します。肉体を抜け出した霊魂は、肉体の束縛を受けず自由になるので、本来ならば肉体を持って生きていたときと同じことをする理由はありません。しかし、死後の世界では、肉体を持っていたときと同じことを繰り返してしまうのです。

霊魂は、なぜ肉体でしていたことを同じように繰り返すのでしょうか。もう肉体はないのに、なぜ食べ、寝なければいけないのでしょうか。服を着てどこかに行って、また恋愛をして嫉妬もして、争いもして……そのように肉体でしていたことを、肉体を抜け出てからもなぜするのでしょうか。それを客観的に分析する必要があります。それがどれほど愚かな行為かを、生きているうちに気づいてみるのです。

皆さんがしなければいけないことは何でしょうか。どうすれば死んでからあのような愚かな振る舞いをしないでいられるようになるでしょうか。死を迎えても、肉体でしていたことを同じように繰り返すという呆れ返った出来事が起こる理由は何でしょうか。それを一度、自らで分析してみなくてはならないのです。

世間の人をよく見てください。生きているときも考えのマトリックス（仮想現実）に陥っていて、死んでからも霊魂というマトリックスに陥っています。真実とはほど遠い実体のない世界で、ただの夢の中をさ迷っているだけです。もう目を覚ましている人たちが、それに対して何を羨ましく思うことがあるでしょうか。

今、私は肉体を持って、また自覚を持って、その自覚を通した理性を持って、この世とあの世で起こっている事柄について話しているのです。

この世とあの世で起こっていることがどれほど荒唐無稽でしょうか。そして今、肉体があって自覚があることが、どれほど尊く、大事なことでしょうか。そして今、私は何をすべきでしょうか。一日一日を生きながら、毎瞬間の大切な時間に私は何をするべきでしょうか。それをきちんと洞察することが、真の賢明な人がするべきことです。

この人生は、数万回も輪廻を繰り返したうちの一つに過ぎない

ほとんどの人が、この世の中ではこの私がすべてであり、唯一であり、この人生がすべてだと思っていることでしょう。

しかし、地球上のすべての人が「今のこの私の人生こそが唯一のものだ」と考えているとしたら、あまりにも不合理で不公平ではないでしょうか。ある人は楽に生きていて、ある人は言葉で表現できないほどの苦労をして、ある人はとても健康に生き、ある人は病気や障がいを持って生きています。ある人はお金持ちで栄耀栄華《えいようえいが》を極め、ある人はとても貧しい生活をしている――そうだとしたら、あまりにも不合理で不公平ではないでしょうか。

この人生こそが唯一なものだとするならば、その不合理と不公平をどのように説明したらいいのでしょうか。実は、私自身がそのようにしたのです。「私はこんなことを願ってはいなかったのですが……」と言うかもしれませんが、それは今の私から出てくる発想に過ぎません。

この世の中の不合理や不平等を見て、何を悟るようになるかといえば、「今回の人生だけ

が存在しているのではないのだな」「この結果を受けるような原因があったのだな」「このような人生を作る原因となった人生があったはずだ」、そのように考えざるを得ないのです。

つまり、この人生だけがあるのではなく、この人生を歩むようになった原因の人生があるということです。たった一回の人生が原因で、このように多くの結果を作り出すことは不可能です。

では、私とは果たして何でしょうか。私がこの人生以前にも存在していたということは明白な事実です。その前回の人生を存在させた原因は必ずあります。今この地球の状態を見ても、今の人生だけが存在しているとは考えられないでしょう。ですから、私という個人においては、数限りなくたくさんの原因の人生があったというのは当然のことなのです。

では、本当の私のアイデンティティとは何でしょうか？　私は原因を作り出し、その原因に従って結果を作り出せるということです。それが本当の私なのです。

しかし、そのことを理解することができずに、結果として現れている私だけを私だと思い込んでいるのです。前世においても、この私がすべてだと思っていました。その前にも、またその前にも、これこそが私だと思っていました。その錯覚を数千、数万回も繰り返してきたのです。自分で自分を騙し、騙されているのです。もし今の人生もあやふやに生きていれば、また錯覚の人生を生きていくことになるでしょう。

もう今の私にこだわる必要はありません。何がそんなにもったいなくて、心残りだと思っているのでしょうか。徹底的に偽物の私が持っているものを振り払ってみてください。今この瞬間に、すべてのものを下ろしてみてください。生れたばかりの赤ちゃんの意識に戻ってみてください。掴んでいるのは自分ですから、自分で手放すことができるはずです。それを手放して振るい落とせば、もう自由です。

無意識の霊魂は、環境を選択することはできない

韓国では、会話の中で「主題を把握しなさい」という言葉をよく使います。この言葉は「身の程を知らなければいけない」「自分の境遇を考えなさい」という意味で使われますが、聞く方としては萎縮したり、自分を卑下してしまう言葉でもあります。けれども、悟りを深める上でこれより適切な表現はありません。

「主題を把握しなさい」とは「私自身をよく見なさい」ということであり、「私自身の現住

所を省察《せいさつ》しなさい」という意味でもあります。この言葉は「外形的な私を見なさい」ということではなく、「内面の私を調べて、よく見なさい」ということです。

かつてお釈迦さまは「すべてのことは私の心持ちにかかっている」と言いました。
維摩居士《ゆいまこじ》は「私の心で世の中は変わる」と言いました。
達磨大師《だるまだいし》は「私の心の外に法はない」と言いました。
慧能大師《えのうだいし》は「私の心の動くままに世の中は動く」と言いました。
この方々に共通した主題の把握は〝私〟、まさに〝私の心〟だったのです。

針婆さんの例え話があります。部屋の中で針仕事をしていたお婆さんが針を失くしてしまいました。部屋の中で失くした針は当然部屋の中にあるはずで、部屋の外にあるはずがありません。お婆さんの部屋には灯りがないので暗くて見えないため、月の光が照らしていて明るいからと言って、部屋の外で針を探そうとするのです。

部屋が暗いのは、部屋に灯りがついていないからです。部屋は〝私〟です。〝私〟を見ようとしないから部屋は暗いのです。灯りは〝私〟に対する自覚です。〝私〟を見ようとするとき〝私〟が見え始めます。〝私〟を見ることから悟り、すなわち光が生ずるのです。

けれども、多くの人はこのお婆さんのように自分自身を見ようとしません。自分自身を見ることができないので、部屋は暗いままなのです。彼らは暗いからと言って部屋の中を探すことを諦めます。そして外に目を向けるのです。

考えてみてください。自分の死を予期して、意識を保ったまま肉体を離れる人が、果たして地球上に何人いるでしょうか。人類のほとんどは無意識のうちに死を迎え、そのために自分の死を認知することができず、「自分たちはずっと生き続けている」と考えているのです。もう死んでいるというのに。

そのような無意識の霊魂たちが、どのような才知を持って霊的生活に自ら終止符を打ち、自分の意志で転生し、自分で環境を選択することができるというのでしょうか。考えの夢の中に陥っている人々が、どうやって意識的に夢の中から抜け出すことができるのでしょうか。

今生きている人にとって、この世の中は夢ではなく現実として体験されています。同じように、あの世で生きている人にとって、あの世は夢ではなく現実なのです。

世の中に唯一の真実があるとすれば、それは自覚を通して目覚めることです。ただ自覚によってだけ、考えの世界だということを認識でき、考えの世界から抜け出すことができます。

そして自覚は今、生きている私によって徹底的に成されなければなりません。今の私の考えが私の現在であり、私の世界であり、私の世の中であるのと同じように、私の考えが私の死後の世界を同じようにまた作り出すのです。

自覚を通してすべてが考えに過ぎないと悟った者は、考えの世界であるこの世とあの世から自由です。不断の自覚だけが考えの重力と幻想から抜け出る唯一の道であることを、もう一度肝に銘じてください。

私は人々を悟らせて、輪廻から卒業させようとする人類愛に対しては、肯定的には見ていません。ただ、人は輪廻をするだけして、苦労をするだけしなければいけません。それでこそ自覚、悟りの価値がわかるのです。

ですから、成熟しようと思うのなら、痛みを感じることです。しかしそれは、信じる心がないので痛みを通して成熟するしかないだけです。それは他人を信じる心ではなく、自分自身を信じる心、信頼なのです。

第二章　死について正しく見る

〝生〟にだけ注目して〝死〟に注目しない愚かさ

私にはいつも二つの真実があります。生きていくことが一つの真実ならば、もう一つの死も、いつも私とともにある真実です。

ところが、人は生きていくという真実だけに目を注いでいて、死ぬという真実に対してはいつも関心がなく目を背けています。私たちは反対側にある真実をいつも無視して生きているのです。

私が存在してこのように現れてきたということは、現れてきたことだけが真実なのではなく、消えていく、なくなっていくということもまた真実なのです。

私たちはいつも何かを得ようとし続けています。何かを得るということも真実ですが、得たものを失っていく、なくなっていくということも真実なのです。成就があれば、それに対する喪失もあるのです。期待があるのなら失望もありますし、愛に出会うこともあれば、また同時に憎しみに出会うこともあるのです。ですから、智恵深い人は、反対側にある真実に目を背けて一方の真実だけに傾いて生きていく、ということはしないのです。

根本的に解決しなければいけないことは「私自身は何なのか？」という私のアイデンティティについて、はっきりとわからなければいけないということです。

宇宙の何が神秘なのか考えてみてください。神がそんなにも神秘的でしょうか。この世の物理法則がそんなにも神秘的でしょうか。そういったものは、私がここに存在していなければ存在し得ないものたちです。

すべて私が関心を持ち、好奇心を持つからこそ、ここに存在しているものたちです。つまり、私の好奇心が大事なのではなく、「その好奇心を持っている私とは、一体何なのか？」というように見ることが大事なのです。

私以外のところに関心を向ける必要はありません。私の関心は私自身にだけ注ぐべきであり、私をわかるために私以外のものに目を向ける必要があるでしょうか。私をわかるために、私の外部に何か求める必要がありますか。神を求めなければいけないでしょうか。宗教を求めなければいけないでしょうか。そうではありません。

悟りの道というのは「自分は何なのか？」を突き詰めていくことであり、修行というのも私のことを知るために続けていく努力のことなのです。

では、瞑想とは一体何でしょう？

瞑想とは「私を知っていこう」とし続け、継続していくことです。

あの世は生前の郷愁の時間に過ぎない

多くの人々が新型コロナウイルス感染症（CODIV-19）によって命を失い、それ以上の人々がいまだに病床で苦しんでいます。霊魂の世界（あの世）に戻っていく、辛い思いをした霊魂たちの果てしなく続く行列を見ました。

おそらく彼らはこの世で受けた傷によって、しばらくはこの世への転生をためらうことでしょう。死後の世界は、よくバラ色の美しさが広がっている楽園のように描写されますが、生前にそのような美しさを享受して生きた人が、果たして地球上に何人いるでしょうか。

あの世の現実はバラ色の楽園ではありません。彼らはよく知らない人だらけの群衆の中で、馴染みのなさと寂しさを感じます。ほとんどの霊魂たちは、人間世界で経験した多くの出来事によってたくさんの傷の痛みを抱えています。あの世で前世の出来事が楽しい郷愁としてよみがえるというよりは、悲しく、切なく、つらい記憶として再生されることの方が多いのです。

結論を言えば、死んでも幸せではありません。人々は生きているときも、常に幸せの要素を外部的な環境や対象によって充足されると考えていて、物質に価値を与え、追いかけ、執着しました。しかし、物質の豊かさや外側の何かは私に真の幸せをもたらしてはくれません。それがごく一時的な満足に過ぎないということは、よくわかっています。そのような人々の安直な期待感と願いは、この世と同じようにあの世へ向かいます。「死んだら幸せになるだろう」という漠然とした期待感を持ってしまいますが、この世と同じように、厳しい現実はあの世でもそのまま続くのです。

すなわち、生きているときに私の心の自由と安定、平和と休息と満足、楽しさと幸せがあってこそ、死んでから生前の人生が楽しい郷愁になるのです。あの世はまさに郷愁の人生だからです。

もう一度、反芻してみます。今回の人生で生きている間に、私の心の極楽を成し遂げなければなりません。必ずそうしなければ、この次、来世はありません。

洪水や山火事など、世界的な災難も絶えず起きています。誰が見ても、現在私たちが住んでいる地球の姿は正常ではありません。そうであったとしても「せめてもの救いだ」という言葉を口にしたら、皆さんは怪訝に思うでしょうか。けれども、この言葉は真実なのです。

現在私たちが経験している状況は、人類が宿命的に経なければならない最悪のシナリオではないからです。現在の状況がこの程度の水準にとって代わるのか、結局は来るべきものが来ざるを得ない破局の手順を辿るかは、依然として変化要因が多いのです。

それでも、この不変の真理は永遠に存在します。

――私の心が美しければ、世の中すべてが美しい。

肉体から抜け出しても、死後に肉体意識を持ち続ける愚かさ

科学が仮説を立てて論証するように、あの世、死というものを常識的に納得できる仮説を立てて見せることができます。人は大したこともないことに興味・関心を持ちながら、一番大事な〝死〟については関心を持ちません。ですから、死後の世界について正確な知識がないのです。学んだこともありませんし、聞いたこともありません。

最も問題なのは、死について科学的に学んだことがないので、死についてまったく知ることができないことです。甚だしくは〝死ぬ〟ということがどういうことか、わかっていません。実際、死について知っていることは何があるでしょう。「死んだら終わりだ」くらいではないでしょうか。

問題はここにあります。死に対する情報がないので、人は死んでも、自分が死んだかどうかがわからないのです。それが最も問題です。

皆さんは生きていながら、なぜストレスを受けるのでしょうか。なぜ心配して悩んで、苦

しむのでしょうか。

　それは自覚をしないからです。自分自身に対する自覚ができないから、私の本物の正体がどういうものか、私というものがどういう存在なのか、生きていくとはどういうことか知らずにいるのです。私の真の正体性を知らず、このことに対する自覚がないので、不安で心配しながら、焦って闘争しながら生きています。

　心配し、ストレスを受けている理由は、私の真の全体性、私の身分、私が真にどのような存在かを知らずにいるからなのです。私はしばしの間、物質の世界を経験するために肉体を持ってきたのですが、私の真の正体性を忘却して「この肉体が私だ」と思っているのでストレスを受けてしまうのです。

　すべてのことは知らないからこそ起こっている出来事です。生きるということについても、私についても知らずにいるので、人生についてもわからずにいるのです。そのように苦しみながら生きているのに、どうして死んだときに肉体を抜け出て自由に生きられるのでしょうか。

　常識的に考えてみましょう。食べること、飲むこと、寝ることはいうまでもなく、痛みも肉体に関することです。すべてのことは肉体的なことではないでしょうか。

では〝肉体を抜け出る〟〝死ぬ〟ということはどういうことでしょう。肉体を抜け出ても霊魂、精神は生きています。

それでは精神とは何でしょう。食べる必要も、痛みを感じる必要も、悩む必要もない、とても自由なものです。私をあれほどまでに苦しめていた肉体的な感覚器官がすべて消えるので、肉体から抜け出た私の霊魂自身はフワフワと飛んでいけるほどに自由です。ですからこの精神、霊魂は、本来ならば自由な生き方を楽しむべきです。ある面で言えば、死というのは悲劇ではなく、胸躍る経験なのです。「うわー！　私は本当に自由だ‼」と、飛んでいけそうなくらいの自由さなのです。

ところが、現実はどうでしょうか。死んでも自由さはまったく感じられないでしょう。死んだときのままの精神をあの世に持って行くとすると、「私は○○だ」という肉体に付随する考えをそのまま持って行くことになります。そのため、考えの中に肉体があって、考えの中にある感覚をそのまま持って行くことになるのです。

私たちは眠りに落ちるときに意識を失います。そして、昏睡状態が続いた後に夢が始まります。ほとんどの夢は、生きているときの生活の延長になります。前もって準備をしなければば、夢を意識的に見ることができないからです。

では、死ぬ直前にはどのようなことが思い浮かぶでしょうか。「痛い、辛い……」そのようなことです。そして、死んだら意識を失いますが、死後しばらくすると意識がよみがえってくるのです。はっきりと環境は変わっているのですが、意識が戻ってきた人が「自分は死んだ」と思えるでしょうか。

皆さん、夢を思い出してみると、滑稽な場面がたくさんあるはずです。でも「これが夢だ」と思えることはほとんどありません。「あれ、これは一体どうしたことだろう?」と右往左往すると思いますが、これは死んでも同じです。環境がいろいろ変わったとしても「これは私が死んだから、死後の世界でこのように見えるのだな」というふうに考えることができずに、今までの人生そのままの生き方が延長されていくのです。そして、それを「おかしい!」とわからないことが問題なのです。

結論として、主体はこの世ではなくて私だということです。この世が主体ではなく、私が主体なのです。私が悟ればこの世はすべて夢のように見え、二元性、相対性といったものに影響を受けなくなります。

この世もあの世も無意味であり、幻想である

こちらの世界にいても、あちらの世界にいても、「すべて無意味だ」「すべて夢のようなものだ」「すべてのものは一瞬にして消え去るかもしれない」ということを私は感じています。

本当に永遠なものとは、このようなことを悟ることです。「世の中はすべて幻想のようなものだ」「霊的世界でさえ、そのようなものだ」と悟る精神、その自覚こそが永遠のものなのです。

では、私はなぜ、それを悟ることができたのでしょうか。それは私の中にあった悩みやストレスが私を支配しようとしても、支配させなかったからです。

こちらの世界ではあらゆるストレスがあります。肉体的なストレスの世界です。そして、これは霊魂の世界に行っても同じです。精神的なストレスの世界であり、ストレスと悩みの世界――こちらの世界もあちらの世界も、物質の世界も霊魂の世界も、実は同じなのです。ですから、早く根本的にここから抜け出すために、まさに私の心を整理し、掃除して、からっぽにするのです。

これは虚無主義とは違います。すべてのことを消し去ったところに、他の真実が待っています。

消し去るとはどういうことでしょうか。それは私の人生、私の精神を消し去るのではなく、私の不必要な悩みやストレス、そういったものだけを消し去るのです。消し去ろうとしている悩みやストレスが私の人生ではありません。それが私の人生だと錯覚して、思い違いをして生きているのが、まさに世の中の人たちです。そのようにして生きて死んだら、同じようにそのストレスの延長で夢が広がっていくのです。まさに夢のように――。

「私はこちらの世界であまりにもつらいから、死んだら幸せになるだろう。すべてのことを忘れ去ることができるだろう」、そう考える人もいるかもしれませんが、とんでもないことです。

肉体が眠りに陥ったとき、肉体は何も動いていないのですから楽でしょう。しかし悪夢というものを見ます。肉体は横たわっていて楽な状態なのに、悪夢というものを通して精神的な苦痛を受けます。

それは何を意味するのでしょうか。私の肉体や肉体の活動が消えたからといって、私の意識が停止するのではないということです。私の人生がつらいからといって私の人生を自ら絶ったとしたら、すべてのことを忘れられて楽になるであろうと想像しますが、そのときから悪夢が始まるのです。

有名な俳優が自殺したとします。可哀想なことに彼らはあの世で心の平安を得られず、次の瞬間から恐怖映画の主人公になるのです。自分が主役の恐怖映画を作り続けていくことになるのです。本当に未練がましいことで愚かなことです。自分が死にたくなるような苦痛がなぜ生み出されるのか、自分で詳しく見てみれば、大したことではないとわかるはずです。それなのに、なぜ大したことではないことで苦しみ、苦痛を受けなければいけないのでしょうか。

霊魂が消えても私は存在する

霊魂とは何でしょうか。それは肉体的なものではありません。私たちの肉体は、実は霊魂を見ることもできず、触ることもできません。けれども霊魂は一種の形、形態を持っています。

では、なぜこのような形態を持つのでしょうか。「この肉体が私だ」という自我に深く陥っているため、肉体が消えても「私だ」という精神的なこだわりが残るからです。

ここで、私の霊魂が消えた体験をお話しします。霊魂はずっとありましたが、やがて自我の実体がわかり、「あぁ、私というのは何でも作り出すことのできる〝私〟なんだな」「〝私〟はある個性としての私ではなく、いかなる個性も作り出すことのできる、その創造的な私こそが本物の〝私〟なんだな」ということを悟ったときに、霊魂が消えたのです。そして、霊魂が消えても相変わらず〝私〟は存在していました。

私たちは〝私〟というものを常に形態を伴って考えようとします。形態があるのが〝私〟だと思ってしまうのです。けれども、霊魂が消えても〝私〟は存在するのです。

では、形態を伴わない虚空の〝私〟は何をすることができるでしょうか。それは霊魂、自我を作り出すこと、それも数限りなくたくさん作り出すことができるのです。ですから、作り出す〝私〟が本当の〝私〟だと認識するようになれば、〝私〟は霊魂なしでも存在していることに気づくのです。

霊魂には自我があるので、まだ幻想の世界があります。霊魂が経験するのがまさにあの世の世界です。死んだら生前の振る舞いによって審判を受けることになります。けれども霊魂がいなくなったら、何をもって審判するのでしょうか。実は、霊魂も次のような認識があれば審判を受けることはありません。

私はもう死んでいる。私は霊的な存在だ。そうであるのに誰が私に干渉して、誰が私を拘束するというのだ。私は既に肉体を抜け出た霊魂で、自由な霊魂なのだ。この私の心、私の精神を誰が拘束して、誰が私に審判を下すというのだろうか。

このような認識を持てたならば、形態のある霊魂に手出しできる存在は誰もいません。神も手出しできません。

けれども、既に自我に深く陥って形態を持っている霊魂が、そのような考えを持つことができるでしょうか。そのような自覚をすることができるでしょうか。それは霊魂が消えてこそ可能なのです。

皆さんは肉体的なものが私だとずっと主張し続けて、今まで数千個、数万個の私を作り出してきました。今作り出されている私は、その限りなくたくさん作り出された私のうちの一つです。ですから、限りなくたくさんの私を作り出せる〝私〟が本物の〝私〟だということです。それを認識できれば、今作り出された私について、どうしてそれほど念慮があるのでしょうか。どうして今の私だけを絶対的な私だと考え、そこに執着して、気をしっかりと持つことができないでいるのでしょうか。それができなければ、死後にその霊魂が後ろに隠れて、また別の私を作り出すのです。

始終、洞察をして目を覚ます

自我からの脱皮は、歯を食いしばってでもしなくてはいけません。もうこれ以上、自我の奴隷になってはいけません。自我とは私ではないのですから。

〝私〟はいくらでも私を作り出すことができるのに、なぜ作り出した私によって拘束されるのでしょうか。そして肉体もないのに、肉体でしていた振る舞いを死後も続けてしまうということが、どれほど滑稽なことでしょうか。

実は肉体がある今も、同じようなことをしています。皆さんはどれほどの不必要な悩みとストレスで自らを痛めつけ、苦しみながら生きているでしょうか。どうしてビル・ゲイツが羨ましくて、スティーブ・ジョブズが羨ましくて、イーロン・マスクが羨ましいのでしょうか。それこそお釈迦さまのおっしゃった「夢の中の水の泡」のような存在たちなのに。

お釈迦さまの言葉は一言で言えば、この世のすべてが「塵ほどの価値もない」ということです。そこまでの酷い表現を使われたのには、どれほどの思いがあったのでしょうか。この世のすべてが「夢の中の水の泡だ」とおっしゃった理由は何でしょうか。お釈迦さまはどれほどもどかしく思ってそのような表現を使われたのでしょうか。

夢の中の水の泡には、塵の価値すらないのです。現実をそのように生きて逝った人たちが、あの世でどのように暮らしているかを知っていたお釈迦さまは、その意味や価値のなさを知っていたのです。

とはいえ、お釈迦さまはこの世を否定したのではありません。この世に幻想を持って、その幻想の中に閉じこもって生きている、その考えの中の世界を「夢の中の水の泡」のようだとおっしゃったのです。

この世の中は、一分《いちぶ》の価値もないということです。これは聞く耳を持つ人にだけ言う話です。世の中を絶対的だと思っている人に言ったところで、通じもしません。お釈迦さまの「夢幻泡影《むげんほうよう》の如し」の意味がようやくわかった人は、それを実行しなければいけません。

なぜ、あの世で人々は肉体もないのに、この世と同じように暮らさなければいけないのか――このことをよく分析してみましょう。「誰が、何が、そのような現象を作っているのか。なぜ、そのような現象が起こるのか。私は今、何をすべきだろうか」。これを洞察するのが真の勉強だというのです。

今日から真の超実践的な勉強をしましょう。そのように無知蒙昧にマトリックスの世界に陥らないようにするには、どうしたらいいでしょうか。

私が肉体を脱いで霊的な観点から見たとき、この世は何でもないものでした。見えもしないし掴めもしません。次元さえ変われば、この絶対的な真実だと信じている物質も虚像に過ぎないのです。立派な宮殿があったところで何になるのでしょうか。霊魂として存在するとき、物質的な宮殿もただ通過してしまいます。霊魂にとってみたら、どんなに立派な宮殿も何の意味もないのです。それなのに、どうして物質が絶対的真実だと言うことができるでしょうか。私が私の次元を変えれば、この世界が虚像だということを、すべて感じることができるのです。

しかし、そのような自由な霊魂になっても、人はまた別の考えに閉じ込められて、また次の考えで宮殿を作り、また次の考えで何かを作るといった、肉体を持っていたときのことをそのまま繰り返します。これはどれほど愚かな振る舞いでしょうか。これ以上、このようなことを起こさないためにはどうするべきでしょうか。そのためにはしっかりと洞察をしなければいけません。洞察をするという意志を持つのです。

始終、洞察をして目を覚まさなければいけません。始終、覚めていかなければいけません。それで、いつも私は「眠りから覚めろ、眠りから覚めろ！」と言うのです。ずっと眠りの中で迷い、眠りに陥っているからです。考えの中に陥り、概念の中に陥るのは、眠りの中に陥るのと同じことです。今は寝ているのと同じなのですから、始終、目を覚ましましょう。このように始終、洞察の意志を持って洞察をして、目を覚ますのです。

肉体を脱ぎ捨てた後も、私をコントロールできる

肉体の生活を終えて死ぬと、霊魂になります。肉体があるとき、霊魂は肉体の主人になることができず、肉体の奴隷になっています。肉体の奴隷とは、肉体的な私が本物の私だと勘違いしていることです。ですから、すべてのことが肉体的な意識圏の奴隷になって生きています。そして肉体がなくても、肉体の生活でやっていた奴隷生活をそのまま続けていくことになるのです。

そのとき問題になることがあります。肉体の世界では、ある限界が存在します。たとえば欲望があったとしても、欲求や欲望が満たされれば充足感を感じます。人間の中で最も強い欲望は何かというと、食べることです。人間においては、ある面では食べることがセックスよりも大事なことなのです。食べれば、肉体の世界では充足感を感じます。性的な欲求においても、どれほど我慢していたとしてもセックスを一回すれば充足感が得られます。それは、肉体があるからです。

しかし、肉体を脱ぎ去って肉体のない世界へ行ったとしても、食べたい欲求、性的な欲求

はなくなりません。肉体がなくなったそのとき問題になるのが、欲求や欲望をコントロールできないことです。人はお腹いっぱい食べることで、欲望が昇華できたという充足感を求めます。肉体があるときは肉体自体に臨界があったので満たされることで解消されましたが、肉体がなければ満たされることはありません。それはどれほど苦しいことでしょうか。

それはまるで認知症患者のようです。肉体がないので、食べても食べても満足感がありません。性的な行為をしても、まるで依存症患者のように、ずっとそれを続けることになります。それはどれほど魂が苦しいことでしょう。あちらの世界では飢えているという欲望が解消することはありません。それが問題なのです。ですから、肉体を持っているときに制御、コントロールをしなければいけないのです。


私がいつも言っていることは、今回の人生で目を覚まさなければいけないということ、今まで繰り返し生きてきた、その生き方にここで終止符を打たなければいけないということです。

ですから、今回を最後の人生として、整理する人生を生きましょう。この世の中の価値や意味の奴隷になって流されていくのではなく、完全に私をコントロールしましょう。そして、肉体的な生活の奴隷になるのではなく、霊的な私として生きましょう。私を完全にコントロールしながら生きましょう。そうしてこそ、この肉体を脱ぎ捨てた後も、この私をコントロールしていくことができるのです。

死が訪れれば、すべての現実が消え去るという真実を受け止める

真実というものは、最初はなかなか受け入れがたいものです。今現在の私自身をすべて否定することになりますから「これは一体何だろう？　非現実的だし、何か妄想をしている人のようだ」、そのように考えることもできるでしょう。私が見た限りでは、これは絶対的な現実です。

「どうして一度聞いただけで、すべてを否定できるだろうか？」

もしそのような考えが起こるならば、〝死〟について考えてみてください。

私が死ぬとき、この現実世界に残せるものは一体何があるでしょうか。何もありません。この現実世界において、私が死ねばそれまでです。私が絶対的なものであると信じたこの鎧

が私にしてくれることは何もなく、私たちの家族や友人や隣人も何もできないのです。文字通り、私はこの世から消えてなくなります。それを考えてみてください。どれほど当惑することでしょう。多くの人は「これは絶対的な現実である」と信じていますが、私たちが考えるこの絶対的現実が一瞬にして消え去ってしまうのです。これもまさに私たちの現実です。

もし私たちに死が訪れない、つまりこの人生が永遠に続くとすれば、この現実やこの人生は絶対的なものと言えます。それならば当然、この人生や生き方には価値があり意味があることになります。しかし、私たちはこの現実にこそ価値があり意味があると思い、一生懸命に生きてきたのに、ある瞬間、この世から自分がなくなり、絶対的だと信じていた現実はただの一瞬で消え去るのです。それも皆さんの現実ではありませんか。絶対的だと信じていた現実が一瞬にして消え去るということも、私の現実です。

これは、絶対的だと信じている生という現実を永遠に続けたくても、その自由が私にはないという、自我の観点からすると、私の自由を放棄しなければいけないという話です。しかし、致死量の薬を飲めばすぐに死が訪れるというのも、また現実です。

このように死は隣り合わせのものであり、生は儚いものです。ですから、生きている間にしっかりとした気持ちを持たなければならないのです。生きている間にしっかり自覚して、しっかり目覚め、私に対する真実を知り、自らの生に対する真実を知るべきなのです。そうしてこそ意味があるのです。自分が死ぬということを忘れて一生懸命生きていても、死んでしまえば残るものは何もありません。

昔の人は言いました。「最も知恵深く生きる方法は、常に死を念頭に置いて生きることである」と。それが本当に知恵深く生きる人です。しかし、皆さんは千年も万年も生きるつもりで生きています。一瞬にして消えてなくなる命なのに。私たちのこの肉体的人生というものは、仏教で言う〝風の前の灯火〟です。それも蝋燭の火であり、消え去ろうとしている最後の一つの火花の火です。

お釈迦さまが「人の生というものは一息にかかっている」と言いました。私たちは息を一回吸えなくても、吐けなくても死んでしまいます。では息をしている間に何をすればいいのでしょうか。それは当然「私は何なのか?」「私の存在は何なのか?」「私の人生は何なのか?」「死とは何なのか?」、そのように自分自身を知るしかないのです。それは哲学や宗教の問題ではなく、私の問題なのです。死が皆さんの現実なのに、どうしてそれを排除して生きているのでしょうか。

根本的な心の価値、精神の価値がわかってこそ勉強を始められるのです。何においても始まりが大事です。きちんとした正しい始まりをしようとするならば、まさに正しい精神、正しい心構えを持たなければいけません。

では、正しい心構えとは何でしょうか。私自身をよくよく観察して、私の生をよくよく観察して、「私の人生とは何か?」とよくよく観察して、私はいつでも消え去り得るということを洞察します。私は今、存在してはいますが、いつでも消え去り得るのだということ、死とともにあるということです。

このように、コインの表と裏をいつも考えながら生きていかなければいけません。コインというのは片側だけ存在するのではありません。表と裏があります。生と死というのはそういったものです。いつも片面だけが存在していると思わないでください。両面が存在していることを悟ればこそ、片面をきちんと生きることができるのです。ですから一瞬にして消え去って、死がやってくるかもしれないという事実を受け止め、死という裏側も大事に思って尊重しなければいけないのです。

〝死〟を征服し、〝死〟の主人となる

皆さんは、記憶をすべて取り戻さなければいけません。そうすればこそ、自分に対する完璧な理解ができます。そして、「これから私がどう生きていくべきなのか」と、自分自身の運命の主人にならなければいけません。

私の意志とは関係なく、死に直面して、死の被害者になってしまうということは、本来あり得ない話です。私が死を征服し、死を思うようにコントロールするべきです。なぜ死が私を選択するままに任せておくのでしょうか。私が死を選択できなければいけないのです。なぜなら、運命は私のものだからです。

ですから、必ず自分の運命の主人にならなければいけません。私の同意なくしては、死というものは絶対に起こってはいけないことなのです。

生と死について知ってしまった人には、他に選択の余地はありません。知らなければそれまでなのですが、知らない人には話をする必要もありません。しかし、その真実を知ったの

であれば、今回の人生は整理する生き方をしなければいけません。本当に、完璧に精神的な生き方を選ばなければいけません。精神の主人、感情の主人、すべての意識の主人にならなければならないのです。

ただ私を見て、私を克服してください。今回の人生において、それが完璧に成されなければいけません。そのようにしようとすればそのような力が生じ、そのような知恵が生じて、自然と私を克服していく体験と経験が訪れるようになります。

「幽体離脱してあの世に行ってみたい」「肉体を抜け出るその体験を一度してみたい」と皆さんは思うかもしれません。最も良い方法が何かわかるでしょうか。私の生き方を整理していく生き方をすれば、今回の人生は自然とそのようになっていくのです。

「今回の人生は整理の人生だ。今まで私は数千回、数万回も肉体的なものの奴隷として生きてきたけれど、今回の人生では私は完全に主人として、私の本性を探し出そう。すべてであるという私の本性を探し出して、それに気づいて、私の人生の完全な主人になるのだ！」

このように生きる努力をすれば、自然とそのような経験や体験がついてくるのです。

今回の人生を最後だと思って、すべてを整理する

以前、私は「最初の意志、最初の発心が大事だ」と言いました。人生の道標を定めなければいけないのです。今回の人生は、無条件に整理するための人生なのです。これ以上もう満たされることはありません。すべてのことを整理して、捨てていくのです。それで出家者たちは山菜を採ったり、畑を耕したりして自給して生きるというのが理屈に合っているのです。農業をするのは大変ですし、仕方なく現実的なものを得るために会社勤めやアルバイトをする人たちもいますが、そうだとしても現実のせいにするのはすべて言い訳に過ぎません。ただ私が意志を持てば、すべてできるようになっているのです。

そうすれば当然、現実の生活ではなく出家生活をすることになります。自然と自分を見る時間が多くなり、世の中に対する欲求や欲望、したいと思うことも減っていきます。そうすれば自ずと環境的にも、私の感情や感覚をコントロールできる時間的な余裕が生じます。

このように、余裕が生じることによって自分自身を見る力も出てきます。妨害する要素がなくなるからです。自分の中に深く入らなければいけないのですが、現実の生活にはどれほ

ど妨害する要素が多いでしょうか。ですからその妨害を受けないようにするのです。もちろん、本当に実生活をしながらも自分の中に深く入っていける強い意志を持つことができるならば、現実は問題にならないのですが……。

ある師匠はこのような例え話をしました。

「〝私は悟りたい〟という渇望感が山火事のように燃え上がれば、その霊的な炎をバケツ一杯の水で消すことができるだろうか。山火事のように燃え上がっている霊的な欲求があるのに、一杯の水をかけたところでその意志が消えることはない。それさえもやはり自分の心の問題、自分の意志の問題なのだ」

お釈迦さまも、イエスさまもこうおっしゃいました。

「無条件に私についてきなさい。出家をするのです」

これは言葉通りの「私についてきなさい」という意味ではなく、「おまえたち、今回の人生は整理する生き方をしなさい」という意味なのです。数千回、数万回、今までそのように生きてきたならば、今回の人生では完璧に整理の人生を生きなければならないのです。

現実的に引っ越しをする場合、荷物を整理して引っ越しをします。他の国へ行くのなら、たくさんの物を整理していきます。しかし、私は他の国どころか他の次元に行くのです。そうだとしたら、この世のもので一体何が必要でしょうか。何も必要なものはありません。これがまさに「今回の人生は整理しなさい」という意味です。

今回の人生は、本当に最後にしなければいけません。ただ実践的に、無条件に今回の人生が最後だと思って、すべてを整理してください。そしてそのように生きようと努力して、そのように整理した人生を生きてみれば、自然と皆さんの意志、精神、心、世界、次元が変わっていくのです。

今まではずっと肉体的に生き、霊的なものを追求してきましたが、それで何かできるでしょうか。背中はこの世にピッタリとくっついているのに、どうして霊的な世界に行くことができるでしょうか。霊的な世界に憧れる必要はありません。肉体的な生活を整理する人生を生きれば、自然と霊的な生き方、霊的な人生、霊的な世界が広がるのです。これが本物の勉強で、私がお話しすることができる真の教えです。

孔子、老子、荘子といった話はまったく必要がありません。自ら人生を整理するようになれば、何であろうとも現れてきます。ここからは生きる価値観を変えるのです。今回の人生は整理する人生にすると決めるのです。そうでなければ肉体を脱ぎ捨てた後でも自由を得られないどころか、もっとつらい生き方をすることになります。

昔、このような笑い話がありました。「売春宿の娼婦の半分くらいは憑依されている」。欲望というのは、肉体がなければより強くなるのです。また常日頃、憤怒に駆られやすい人も、それをコントロールすることができないので暴力的な人に憑依して人を殺したり、暴力沙汰を起こしたりするのです。

人類の九十九パーセントは、現実の世界と霊的な世界が重なった世界に生きているのと同じです。この世なのかあの世なのか、区別もつかないほどに同じなのです。なぜでしょうか。自分が神だということを知らないからです。後々になって、「あ！　自分は死んだようだ」と気がつく人もいます。しかし、この世とあの世の違いを認知することはできません。ですから、この世で生きていたときのそのままを、あの世で繰り返してしまいます。自分が死んでみたら「神だった」「〇〇だった」「××だった」というような話は全部が嘘です。「死んだ人をいい霊界に送ってあげた」というのも、すべて嘘です。

昔、マハムドラーという教えを説いたティロパのもとに来た弟子がいました。すべてを捨てて来たその弟子に向かって、ティロパはこう言いました。「捨てろ、出家をしろ」。弟子は「すべてのことを捨ててきたのに、何を捨てるとおっしゃるのですか？」と言いましたが、その師匠が言いたかったのは「精神の出家をしなさい」「心の出家をしなさい」ということでした。身体だけが世俗から離れるのが出家ではありません。整理する人生を生きるのです。今回の人生では必ず整理してください。そのような精神で生きるのです。それが本物の出家です。「誰のために?」、私自身のためにです。

この現実の生活は共有ができますが、あの世では共有ができません。あの世では住民たちが集まって生きていますが、互いにコミュニケーションや意志疎通ができません。ただ自分が想念で作った環境や、想念で作った念体と対話するだけです。ある人は自分で環境を作ろうと努力しますが、大多数の霊魂たちはあの世の住民たちが集合的に作り出した環境をそのまま受け入れます。慣れ親しんだ住宅の形式を取り、共に受け入れたその環境の中で霊魂たちは一緒にいますが、お互いにコミュニケーションはできないのです。多くの人は夢の中で誰かが現れると思いますが、実際にはその人たちは他の人ではなく、夢の中で作り出した念体に過ぎないのです。

人間が作り出した頑丈なレーザー網が霊魂の世界を取り囲む

人間には七体の霊的な身体が存在すると言われています。これについて適切な日本語がないので梵語（Sanskrit）の語源通りに書くならば、フィジカル（肉体）、エーテル、アストラル、メンタル、コーザル、コズミック、ニルバニックになります（P26の図に示した四つのエネルギー体のさらに外側にコズミック、ニルバニックがある）。

これはそれぞれが違う身体なのではなく、私の肉体であるフィジカルの中、つまり、私の中にすべてであるということなのです。私が変わることで新しい私へと変貌する過程を表現したもので、それぞれに伴う意識体を持つようになるということです。けれども、体という個性はコーザルからは薄くなり、不明瞭になります。言い換えれば、自我という体がなくなるということです。

私たちはよく「私という個体は消え去っていくのに、どのように私は存在できるのだろうか」という疑問を持ちます。科学では物質を構成する究極の粒子として素粒子を追究しました。すなわち、物質を構成する最も究極的な粒子は素粒子だということです。

それでは素粒子はどのようにして生じるのでしょうか。それに対する答えは、量子力学という科学理論が探し当てました。素粒子は意識することで生じるというのです。言い換えれば、物質について関心を持てば素粒子が生じ、素粒子が陽子、電子、中性子の構造を通して物質を作り出すというのです。結論として「素粒子の親は意識だ」ということになります。

同じように私という自我の親は、私に対して関心を持った〝私〟です。けれども、私の親である〝私〟は私を作り出しましたが、作り出した〝私〟であって、作られた私ではない、というのです。ですから作り出す〝私〟は存在しますが、それはいかなる個別性も形態も持ちません。

死を迎えて霊魂が肉体を抜け出ても、一般的な人々は依然として霊魂体を持ちます。肉眼では見えないため、肉体的な観点では〝ないもの〟と見なされますが、肉体を離れた霊魂は依然として存在し、霊魂の世界で生きるのです。

霊魂は覚醒度によってそれに合った意識体を持ち、各自の意識のレベルと波長の合う世界に同調して生きています。一つの空間の中にあってもまったく違う世界が広がります。この世において同じ空間内であっても、ある人は考えによって激しい苦痛を受け、ある人は考えによってこの上ない至福を感じているのと同じです。

物質の世界には重力が存在しているので、人は空を飛ぶことができません。霊魂の世界でも生前の肉体的な習性によって、やはり飛び回ることができません。

数年前、肉体的な痛みに悩まされ、しばらく身体を抜け出たことがあります。虚空から手が出てきて私の霊魂を引っ張ったので、その手を握って肉体を脱出したのです。当時はあまりにも肉体が消耗して、霊魂も一時的に肉体の影響を受け、霊魂までが脱力したためにそのような助けを受けました。

一度肉体を抜け出ると気分がさわやかになり軽くなって、すぐにあの世の世界を飛び回るようになりました。記憶によるとシンガポールの人々のあの世だったようです。中国式の彩色を施した二階建ての瓦屋根の家々が軒を連ねる街並みの上を飛んでいました。

あるとき、方向を転換して空中に跳ね上がると下の街並みの雰囲気とはまったく違って、SF映画のシーンでしか見られないようなレーザー網が空に張り巡らされていました。それはまるで巨大な鳥かごのようにその世界の空を取り囲み、決して抗うことのできない頑丈な網という印象を受けました。再び下りてきて、別のあの世との境界に該当するところにきたのですが、ここを守っている霊魂の門番が言い掛かりをつけてくるので呪文を唱えて突き放し、再び肉体に戻りました。それから眠気に誘われ、朝になって目が覚めました。

前夜に見た網について考えてみました。それは今まで一度も見たことがなかったからです。過去に肉体を抜け出たときは、すぐに霊魂という殻すらも手に余り、霊魂体さえも脱ぎ捨てたのですが、霊魂を脱ぎ捨てた私はこれといって行きたいところがなかったのです。なぜなら、肉体の観点で存在する地政学的な空間は消えてしまうからです。

しかし今回の場合は、肉体が消耗し過ぎていたので肉体のエネルギーを充填するために霊魂体を着たままでしたから、霊魂の世界のあちらこちらを見て回ることができ、とうとう霊魂の世界を取り囲んでいるレーザー網まで見ることになったのです。そしてすぐにそのレーザー網の実体を知ることになりました。


レーザー網の正体を明かす前に整理しておきましょう。

世の中で最も暗いものがあるとしたら、それは何でしょうか。考えです。

世の中で最も明るいものがあるとしたら、それは何でしょうか。考えです。

考えは私を世の中で最も暗いところに留まらせもし、私を世の中で最も明るいところへ導きもします。

私たちが暮らしている現在の世の中でも、この法則は適用されます。いくら良い環境、良い条件、良い現実を生きていたとしても、自分が不幸だと思っている人はその通りでしかありません。私たちは周囲にそんな人々を数えきれないほど見てきました。

他の人よりもっと持っていて、他の人よりもっと豊かで、他の人よりもっと享受しているにもかかわらず、自分は決して幸せではないと言います。むしろ自分は不幸な人だと語ります。何がその人をその境遇に置かせたのでしょうか。彼の考えです。そして、考えはそんな人々を極端な選択をするように煽ります。

この世にいて既に、彼らは地獄にいるのです。そのような部類の人々があの世に行くと、この世とは比較にならないほどはるかに深刻な状況に置かれるようになります。そのような人々でも、この世においては、たとえ世間と断絶したり、閉鎖的な態度を取ったとしても、外部の世の中とつながっています。しかしあの世では、そのような外部の世の中とのつながりが完全に切れてしまうのです。言い換えると、自分の考えが自分の生きている住環境を作ってしまうということです。

そのときに起こることは闇です。彼らが生きている姿は何も見えません。漆黒の闇ばかりです。いっそのこと、口が裂けた鬼や怪物でも見えた方がましなくらいです。自分自身さえも見えはしません。これがまさに地獄の正体です。何か一つでも見えるところは、決して地獄ではないのです。

霊魂たちが居住している集団の環境は、彼らと似た意識の流れを持った霊魂たちの想念が加わって作られます。この世で数百年前の建築物が過去の祖先たちによって建てられ、ずっと保たれてきたのと同じです。しかし、基本的にあの世での住環境は、霊魂たちそれぞれが作り出します。

そこには明るいところもあり、暗いところもあり、真っ暗なところもあります。真っ暗なところは、そこに住む霊魂たちの想念が暗いからです。暗い想念があの世の空を雲のように覆い、外部の光は差し込みません。さまざまな欲望、欲求、快楽のために身体を使い、そのような環境を作っています。現在、私たちが生きている世の中と同じです。全員がそのようなものを掴み取ろうと血眼になっています。誰かに「やりなさい」と言われたからするのではなく、自らがそのようなものを掴もうとしているのです。それがレーザー網の正体です。

固定観念、強迫観念、固執、我執、そのようなものたちがレーザー網の線と線をつなげています。そのような強固な考えの網の中で考えは起こり続けるしかなく、考えと考えが衝突して、その考えの破片が入り乱れているところ――それがまさに私たちが生きている世の中の姿です。ですから、いつも考えを掴んで生きている人々がそのような世界を抜け出すということは、大変なことなのです。

しかし、メンタル界という宿命界の最後の境界に張られているレーザー網、これもまた幻影になってしまう意識の世界があります。自覚の世界、悟りの世界です。私の心に境界がなければ、この世にはいかなる境界も存在しないのです。

死後の世界では、認知症の症状のように同じ行動を繰り返す

ある新聞に国際連合関係者のインタビュー内容が掲載されました。彼はこのように語りました。「国連が創設されて七十五年がたったが、これまで世の中と人類は何も変わっていない」。世界の平和と共存のために作られた国際連合ですが、相変わらず人間の暴力性と利己心によって、己の役割をまったく果たせずにいます。そもそも、その期間は七十五年だけでしょうか。七百五十年、七千五百年、七万五千年、七十五万年、人類は変わっていません。

人生を要約するなら、欲望と所有と愛着と執着に覆われた生だと言うことができます。生

きている間ずっと、そういったものにつかまって、繰り返し、その中に埋もれて暮らします。そうして、死んでもその過程はずっと続いていくのです。

人生は経験と学びと成長の場です。それ以上でもそれ以下でもありません。自覚が入ってきて気持ちがしっかりすれば、現在の私の暮らしがいくら波乱万丈だとしても、たった一度の人生経験で十分なのです。なぜなら、私の現在の暮らしがどうであれ、それは私の心、まさに私の心持ちにかかっているからです。けれども、ほとんどの人は現実だけに集中します。そして、より良い現実と状況、より良い暮らしを願いながら追求するようになり、欲望と所有と愛着と執着の手順を踏むことになるのです。

実は、より良い現実、より良い状況などは存在しません。どこの誰も現在の自分の現実と状況を受け入れていません。いくら多くのものを所有し、豊かだとしても、満足は存在しません。それでずっと、「より良い」という蜃気楼を追いかけていくのです。満足と幸福とは心にあるものです。決して物質と所有にはありません。けれども、人々はこのようなたやすい真実を毎回見逃しています。知らなくてしないのではなく、認めたくないのです。他人との比較という、もう一つの幻想が首根っこを掴むのです。

私の心が美しければ、世の中すべては美しく、
私の心が楽ならば、世の中すべては平和であり、
私の心が豊かなら、世の中にはすべてが満ち溢れているのです。

そんな私の心を悟れば、肉体の人生はたった一度で十分に足りるのです。二回、三回、数十回、数百回、数千回、数万回の転生は必要ありません。

転生は決して自然の法則ではありません。私の選択にかかっているのです。私がもっと良い現実と状況を望んでいるからこそ、私にまた別の現実と状況が与えられるのです。すべては私が望むからそうなるのです。ひたすら自覚を通してのみ、私のそのような無知蒙昧さに終止符を打って抜け出すことができるのです。肉体の人生が終わったからといって、すべてが終わるわけではありません。現実の奴隷状態は肉体の有無にかかわらず、そのまま維持されます。むしろ肉体があるときより、肉体がないときの方が従属はさらに強くなり、拘束されます。肉体から制限された心が肉体を脱皮する瞬間から、さらに集中した意識を持つようになるためです。

生前、物質に執着した心は、肉体を離れてさらに強く作用し、物質世界以上のより具体化

された仮想現実を作り出します。そして、到底抜け出すことのできない堅固な世界が構築されるにつれ、肉体の人生の何十倍も、何百倍も長い歳月をその世界に閉じ込められることになります。その過程は非常に段階的で体系的であり漸増的です。簡単に言えば、長くかかるということです。

認知症の患者がいます。症状としては、認知機能の喪失により記憶障害があります。自分がした行為を忘れて同じ行動を繰り返します。食べ物を食べても自分が食べたという記憶がないので、また食べます。一言で言えば、洞察力を失うのです。ところが、肉体を離れて死後の世界に行くと、誰もが認知症の症状を経ることになるのです。つまり、死んでもなお同じ行動を繰り返すということです。

肉体の認知症と異なるのは、自分の行動に対する記憶を持っていても、ずっと行為を繰り返すという点です。理由は、肉体がないにもかかわらず、欲求だけがあるからです。つまり、肉体がない状態で食べ物を食べても、お腹がいっぱいだという満腹感を持つことができません。それで、食べたいという欲求が消えるまで食べ続けます。生前、食べ物に対する欲求が強かった人は引き続き食べ物を貪るようになり、所有に対する欲求が強かった人は引き続き物質的享楽を貪り、性欲が格別に強かった人は引き続き性行為にふけるようになります。前述したように、肉体がない状態ではエネルギー喪失による消尽を感じられず、疲れがありません。欲求がある限り、ずっと行為に没頭するようになるのです。そのような側面から見れば、死後の世界はこの世で果たせなかった欲求とストレスが解けていく世界だと思うかもしれませんが、行為を繰り返したからといって欲望が解消されるわけではありません。

欲望は一種の執着で、自分が作り、掴み、耽溺するものです。それもまた、認知症のような洞察力が持てないことによる精神病的な症状です。認知症が脳の機能を喪失して起こる現象であるならば、欲求と欲望は、肉体が永遠の私だという錯覚から始まった現象です。そういった肉体の奴隷根性は、肉体が消えても持続します。私自らが肉体の奴隷を自認したためです。肉体が消えても私の精神は消えません。そのため肉体の奴隷根性である欲求と欲望は消えず、肉体が消えた死後も、ずっと肉体の奴隷として生きていくことになるのです。

精神によって作られた肉体の欲求と欲望は短時間で消えることはなく、それによって積み重なったストレスも解決されません。ですから、肉体が消えたとしても、生前の肉体に対する欲求、欲望、ストレスは、非常に長い間死後の世界で続きます。そのようなことを解くために行為の反復をしますが、決して行為の反復では解消されません。理由は、肉体の問題ではなく精神の問題だからです。

人は眠る前に、その日一日の日課の中で最も頭の中をぐるぐる回る雑多な考えの主題の一つにはまり、その考えを抱きかかえて空想の翼を広げながら、夢でエネルギーをすっかり使い果たしてしまいます。夢は、心理学者フロイトの主張のように、抑圧された欲求と欲望を意味するリビドー（libido）によってのみ作られるわけではありません。夢は、多様な考えたちが燃焼していく場でもあります。つまり、考えを通して解決を試みるものの、依然として理解ができず納得がいかないことは、ストレスという考えのカスが残るようになり、そのような考えのカスが夢を成す一要素になるのです。

死後の世界はそれと変わりません。死後の世界は長い夢を見る世界です。夢の内容は生前の欲望と欲求、それが満たされないことによる欲求不満、ストレス、そして生前の数多くの考えのカスが作り出す世界です。

人は考えを作り出すときは意識的ですが、考えに陥るときは無意識になります。欲求と欲望も同じです。私の欲求と欲望を理解できず、その中に陥っていくとき、それもまた無意識的になるのです。この世で解決できないものは、あの世でも解決されません。あの世は、この世の欲求不満とストレスの延長線の世界だからです。自覚ができなければ、この世で解決されるものは何もありません。ひとえに自覚だけが、私を欲求不満によるストレスと燃焼しない考えのカスから解放してくれます。そして、そのようなものが作り出すこの世とあの世の世界から抜け出すことができるのです。

自覚は目覚めることです。考えが作り出す夢から目覚めることです。無意識的な状態から意識的な状態に変わることです。同時にすべての無意識の世界、夢の世界、この世とあの世という幻想の世界から抜け出すことです。自覚は世の中で唯一の真理であり、真実です。この世で最も価値あることは悟ること。まさに自覚することなのです。

第三章　〝私〟に目覚めていく――自覚

意識が目覚めれば次元が変わる

意識の次元を上げると、何万光年という距離もほんの一瞬です。私たちは次元という話をしますが、一次元の数字で一億という数字が存在するとします。しかし、一次元における一億は、二次元においては一に過ぎません。同じように、二次元における一億という数字も、三次元においては一にしか過ぎません。ですから皆さんが次元を一つ一つ上がるたびに、その下にあった次元、下次元はまったく意味を成さなくなるのです。つまり、三次元における〝永遠〟という概念は、四次元では〝一瞬〟になり得るのです。

それでは次元とは何でしょうか。それはまさに〝心〟です。意識が目覚めれば次元が変わります。意識とはそういうものです。

　たとえば「死んでもこれだけは絶対に譲れない！」という強烈な思いがあったとします。「死んだとしても、これは絶対に変わりません」というような思いです。けれども皆さんにある自覚、ある悟りが訪れた瞬間にこの考えが変わり得るのです。それ以前は「絶対的にあり得ない」と思っていた、この考えが消え去るのです。何がそのように作ったのでしょうか。まさに私の悟り、私の考えの変化、私の心の変化です。過去の私が決してできなかったことを、今の私は作り出したわけです。

　皆さんが自分を振り返り、自覚を起こすことを続けていけば、強固だった世界も一瞬にして崩れ去るのです。煙のように消えてなくなってしまうことがあり得るのです。

　このように、次元が変わると物理の法則もすっかり変わるように、数字、時間、空間というものは次元が変わるたびにまったく意味を成さなくなるのです。意識の覚醒、自覚が起こるたびに、それまで持っていた概念、観念、通念、信念、強迫観念といったものが一瞬にして消えるのです。

　大切なことは、私が次元の変化を起こし続けることです。私の次元が変わるべきだということです。そうするためには、私が休むことなく自覚を起こし、覚醒を起こし、成長していくしかないのです。

なぜ私がこのような話をするかというと、今、私たちが絶対的な知識だと思っているものであっても、次元が一つ変わったら消え去ってしまう、何の価値もなくなり意味もなくなるということを伝えたいからです。同じように今、抱えている心配、ストレス、悩みというものも、ある次元の話なのです。そこで覚醒が起これば、今それほどまでに皆さんを苦しめている感情や感覚が一瞬にして消え去るのです。物質の次元が変わって、それほどまでの変化が起こるのと同じように、精神の次元が変化することで過去の感覚までもが変わってしまうのです。

悟りとは、私の本性が虚空であるとわかること

悟りとは、私の本性が虚空であるとわかり、虚空と一致して、虚空になることです。それは、自分の本性に帰還することです。「虚空というものはあるのか、あるいはないのか」。虚空を見て、ある、ないと議論するのはどれほど幼稚なことでしょうか。なぜなら、虚空なし

に何ごとも存在し得ないからです。虚空がなければ、私たちは存在することができません。それを、ないと言うのは間違いです。この虚空にすべての鍵があるのです。

なぜ、それが私の本性なのでしょうか。はっきりと言いますが、私の肉体がなくなっても私は消えません。私が消えることはあり得ません。私たちの精神は消え去ることができないのです。

最終的に何を悟るかというと、実は虚空を悟るのです。私を虚空に接近させるということであり、虚空に到達するということです。肉体は消え去り、精神は残ります。しかし、まだまだ精神に閉じ込められていますから、その精神からも抜け出さなければいけません。霊魂、考えからも抜け出さなければいけません。まだまだ皆さんは心の中に、考えの中に、精神の中にいるということです。そこからも抜け出して、いわゆる真なる〝無〟に行くのですが、それは〝無〟ではなくて私の本性です。それは決して〝ない〟という概念ではなく、虚空のような本質の概念なのです。

虚空がなければ、この世に何も存在し得ないのです。その本質を虚空と表現することさえ語弊があります。大事なことは「虚空になるぞ」と言ってなるのではなく、もう既に代わり得ない虚空そのもので存在しているということです。そうだとしたら、私自らが拘束して束縛して閉じ込めているところから脱出しようと努力し続けるのです。

すべての考えや感情はどこからくるのでしょうか。それは肉体的なものからきています。それは精神的なものですらないのです。ただ取るに足りない肉体的な考え、肉体的な感情に過ぎないということです。

肉体は、いついかなるときに消え去るかわかりません。したがって、それは真実でもなければ永遠でもありません。「肉体は実は大したものではない」という真実に気づいたら、まずは肉体的なものから徹底的に自由でなければいけません。それが虚空に到達するための最初の関門です。ただ、私が私自身をずっと縛り続けてきただけであり、肉体的な考えが最も太い紐となって私を縛り続けてきたということです。

古くから「死者の知恵にならえ」という言葉がありますが、死んだ人にどのような知恵があるというのでしょうか。この言葉には次のような意味があります。

「私たちは、いついかなるときに死者になるかわからない。肉体というのは風の前の灯火のようだ。一瞬にして消え去るかもしれないこの肉体から、私たちがストレスを受ける必要があるだろうか」

恥ずかしいという感情も肉体からやってきます。ですから、そんなに恥ずかしがったりする必要はないのです。まさに自尊心、恥ずかしさ、そのような肉体的な感情や感覚を一掃しなければいけません。肉体の観点からくる感情や考えを屈服させて影響を受けなければ、自然と精神的なものからも自由になることができるのです。

物質世界では肉体的な固定観念に縛られる

三次元の世界では肉体があるので、仕方なくそれが私だと思ってしまいます。三次元は波動が最も遅いので時間というものが存在し、私たちが老いていくのにも時間がかかりますが、肉体がなくなった世界は時間がとても早く進みます。肉体の世界で何かを達成しようと思ったら、私がずっと続けて考えを集中させ、ある形態を作らなければできません。しかし、肉体が消え去った霊魂の世界ではそうではないのです。私が考えれば考えた通りに、目の前にバンッ！　と現れるのです。

とはいえ、その世界で自分の考え通りに創造できるとは信じられず、生前、肉体があって生きていたときの固定観念、記憶を持ったままでいるため、新たに考えで創造することができません。ですから、三次元で貧しく生きていれば、そのような貧しい考えを抱えたまま惨めに生きていくことになるのです。

つまり、死後の世界、霊魂の世界だからといって、自由になれるわけではないということです。本来は自由に考えを創造できることが正常なのですが、自由に創造することができないのです。

皆さんはよく言います。「そんな考えすら浮かばなかった」と。

考えとは何でしょうか。創造の力です。ですから、創造力を発揮することができなかったということです。皆さんは肉体が消えて思い通りに自由を満喫することができるにもかかわらず、ここでも肉体的な考えの固定観念に縛られ、閉じ込められて、生きていたときの記憶に閉じこもったままなのです。

もう少しわかりやすい話をしましょう。皆さんは物質世界では飛び回ることができませんが、霊魂の世界では「私は飛ぶことができる」と考えれば、飛ぶことができるのです。ところが、皆さんは飛ぶことができるにもかかわらず「飛ぶぞ！」という考えすら起こすことができないのです。いつも固定観念に閉じこもって生きてきたからです。十分に飛ぶことができるにもかかわらず、飛ばないで生きていくというのです。

『マトリックス』という映画がありました。誰もが暗示にかかっていて、そこに陥って抜け出すことができないというストーリーでした。しかし後々になって知恵のある人がこんなことを言います。「これは私がかけた暗示だ。この暗示から私は抜け出すことができる」と。すべてのことは考えた通りになるだけなのです。

では、最も賢明な考えを作り出すのはどのような人でしょうか。スケールの大きな考えを作り出す人が知恵のある人でしょうか。そうではありません。

「その考えの主人は私だ。その考えはまさに私が作り出した。考えはすべてのことを創造し、それが世の中に繰り広げられるのだ。この意識がすべての宇宙を作り出した。その意識の主人は誰だろうか？　私だ」

このような気づきを持った人が知恵のある人です。まさにそのように意識が悟り、気づき、悟り、気づき……とつながっていくのです。そうやって悟って、また悟って、悟れば悟るほど、その人はより自由になり、ほとんど完璧な虚空の世界に入っていくのです。

そのように、完全に虚空と一致した方がいらっしゃいます。その方こそがこの宇宙の創造神、いわゆる神です。私たちはそこに向かって行くのです。そこに行くためには、ずっと悟り続けるのです。私は感情の主人であり、考えの主人です。作ったものに陥るのではなく、

「それを作っているのが私だ」という主人の立場にいるのです。そのようにして私について気づき、悟り、また気づいて、悟るのです。

その感覚はなかなか掴めないと思いますが、仏陀の世界、神の世界よりもっと先の境地があります。それはとんでもない感覚を伴った体験や境地ではなく、より完璧な虚空になるということです。その絶対的完璧さである虚空と一致していくこと、一致した世界、それこそが最も知恵のある完璧な世界なのです。

虚空なしには何も存在し得ない

悟りを得た禅師は、弟子たちが「悟りとは何ですか？」と聞いてきても、それに関与することはありません。なぜなら、それは弟子が作り出した考えに過ぎないからです。「悟りとは○○です。××です」という内容に関知しないのです。そのような論理、概念、論戦から完全に超越しているからです。

ただ、その人は「山は山であり、水は水だ。庭に松の木が見えるなぁ」と、自分に見えたことだけを言います。「悟りとは〇〇だ」「老子とはこうで、荘子とはこうだ」というところからは、少なくとも抜け出た人です。悟りに関するある定義を持っている人ではなく、悟りに関してまさに虚空になった人なのです。

誰かがやってきて「悟りとは何ですか?」「気づきとは何ですか?」と聞いてきたとき、そのような言葉に耳がピンと立つならば、その人はまだまだそこに引っかかっているのです。まだまだそこから抜け出せずにいるのです。〝悟り〟〝ある〟〝ない〟ということに引っかかりがなければ、悟りについて誰かが何か論理的に語ったところで、その言葉が皆さんの耳には何一つ入ってくるはずがないのです。

そして、その人が話す概念にもまったく影響を受けません。それを肯定する必要も、否定する必要もないのです。虚空が誰かを非難するでしょうか。咎めるでしょうか。何があってもOK、美しいことがあってもOK、醜いことがあってもOK、大きいものがあってもOK、小さいものがあってもOK、なのではないでしょうか。

ですから、私の中に引っかかりがなければ「この悟りこそ正しい」と認めてあげる必要もありませんし、「お前はまだまだほど遠い」と否定する必要もないのです。ただ「ああ、そうだ。お前の言う通りだよ」と肯定してあげるのもいいですし、そのように言う必要もありません。

「今日ご飯食べたかい？」、まったく影響を受けない人なら自然とそのような言葉が出ます。「悟りとは○○です。××です」という正しい答えではないのです。彼らが持ってくる、いかなる概念からも影響を受けず、「ご飯は食べたかい？」といったものから超越し切った姿を感じ取らせてあげること、それこそが悟りを伝えるということです。それは私の中に引っかかりがないからできるのです。

悟りにおいて虚空になるとは何でしょうか。悟りが私の概念に過ぎず、考えに過ぎず、論理に過ぎないということを、もう既に悟ったのではないでしょうか。その気づきこそが、まさに虚空になった状態だと言っているのです。


このように、休むことなく気づき続けていくことが大事なのです。ある考え、感情が襲ってきたら「誰がそのように考えているのだろうか？」と問いかけてみるのです。休むことなく、考えに陥ることなく、ずっと主人の座を守り続けることが大事なのです。その主人の座こそが虚空の座です。何にも引っかかるはずがありません。虚空をどのようにすれば捕まえることができるでしょうか。虚空にどのように杭を打つことができるでしょうか。

虚空は「すべてのことを許容している」という言葉さえ使う必要がありません。すべての存在と共にいるのですから。虚空なしには何も存在し得ません。まさにこれが私たちの真実なのです。私の意識がまさに虚空のようになるべきなのです。ずっと続けて気づいていけば、自分も気づかないうちに、あるとき、そのような完全な自由の精神の持ち主になるのです。気づきの状態、虚空のような状態は、自らをどのようなことにも拘束しません。私に対していかなる設定も持ちません。どのようなカテゴリーも作りません。なぜなら、虚空のように目を覚ましている精神なのですから。まさに私の精神がそのようになるのです。

このように聞くだけで、どれほど私の精神が澄んで軽くなることでしょうか。どれほどたくさんの雑念で皆さんは網に引っかかり続けているのでしょうか。ここにもあそこにも引っかかっているし、また「網があった」と網を抜け出ることに時間を費やしてしまうのです。その網の中に私というものが入っているからです。私が消えたら風のようになるのです。私がまさに自我なのです。自我をなくすためには、自我から影響を受けないように努力をしなければいけません。ですから肉体的観点からくる考え、感情、ストレスといったものから影響を受けないように、皆さんは始終努力しなければいけません。

「死者の知恵に学べ」という話は、「いついかなるときに消えるかわからない、その肉体に念慮（あれこれと思いを巡らせること）しながら生きるのではありません」ということです。肉体ほど虚しいものはありません。お釈迦さまの言葉通り、夢の中の水の泡のようなものです。もう既に夢自体が虚しいものなのに「その虚しい夢の中の、また虚しい水の泡だ」とおっしゃっているのです。

一瞬にして消え去るかもしれない肉体なのに、皆さんは肉体に対する愛着があります。肉体が永遠のものだと考えていて、それを私だと考えています。なぜそれを唯一の私だと考え、そこに閉じこもって生きるのでしょうか。今回の周期だけでも、皆さんはもう三万回も生まれ変わっているのです。リスの回し車のように生きているのです。リスがその車を回したところで前に進んではいません。ただその場でクルクルと車を回しているに過ぎないのです。そのように回し続けて三万回に達したという、これこそが輪廻なのです。

そして、輪廻を通して進歩するというのは嘘です。今の意識が最も大事です。今、気をしっかりと持っている現在だけが大事なのです。過去に（悟りについて）勉強したことはすべて偽物です。私の弟子の中に、前世で勉強をしてきた人はかなり多くいます。しかし、それは勉強ではありません。勉強とはこういうものだ、という考えに閉じこもっていた人たちです。前世にリンポチェだった人たちがたくさんいましたし、偉大な指導者や哲学者もいましたが、そのほとんどの人が勉強を途中でやめてしまいました。それだけを見てもわかりますが、前世からの根機（悟りの資質）があるというのは嘘です。前世でしていたことは何の意味もなく、大切なのは今なのです。

自我の観点から自我のない観点へと移動する

私は、私の弟子たちを一旦、山の頂上に立たせました。そこで跳躍して飛んでいくか、山にしがみついて留まっているかは、一人一人にかかっています。

今まで頼って維持してきた山や大地、それは自我です。皆さんはいつもそれに頼って、足を置いていました。皆さんはいつも山や大地とともにあったため、そこから離れるということは、まるで私が死ぬかのような思いになるのです。踏みしめている大地がなくなったら、どのようにして私は存在し得るでしょうか。「大地がなくなったら私は存在し得ない。私を支えているものだから……」と思っています。

しかし真実はどうでしょうか。皆さんは落ちて死ぬのではなく、夢から覚めるのです。私を支えていた山から落ちたら死んでしまうと思っていますが、落ちたら死ぬのではなく、そこで目が覚めるのです。自我をなくすと思うと恐れが出てきますが、その恐れは頂上から落ちるときと同じようなものです。自我が私を支えてくれている大地だと思い込んでいるのです。

皆さんは自我というものの頂上にいて、そこから観点移動を起こすかどうかにかかっています。自我というものにしがみついているか、そこから飛び降りて抜け出るのか。ここではもうこれ以上、頭を使う必要はありません。これ以上わからなければいけないこともありませんし、知る必要もないのです。ただ皆さんは今、観点を移動しなければならないのです。自我という枠をどうにかしようと努力するのではなく、枠のある世界から枠のない世界へ移動するのです。

枠のある世界に住んでいた人は、枠がとても強固で、枠があってこそ正常だと思ってしまいますが、枠を超えた世界が正常なのです。ですから、私が観点を変えなければいけないという話をしているのです。観点を変えるためには、頭や考えでするのではなく、私がそこに行かなければいけないのです。

お釈迦さまは、私の作った観念、考え、概念のことを我相という言葉で表現されました。なぜなら、すべてのことをまだ私の観点で話しているからです。まだまだ私が私の観点を掴んで話しているので、何であろうともそれは我相に過ぎないということです。真理は我相から出てくるものではありません。観点移動がなされた世界から出てくるものなのです。ですから皆さんが真理を論じたところで、それはすべて我相に過ぎません。

実際に観点移動するとどうなるでしょうか。観点移動してから見ると、あれほどまでに堅固に見えた自我という枠がなくなるのです。自我というものに留まっているときは、到底ここから抜け出すことはできず、消え去ることもできないと思っていました。

しかし観点移動をして過去の私を振り返って見るとき、過去の私はなかったということです。ですから跡形もないようなもの、幽霊のような、幻のようなものが私だと思っているということなのです。それが自我です。ただの暗示に過ぎないものです。それにもかかわらず「確固としたもので、絶対的なものだ」と、私が自分で作りあげてきたのです。

『般若心経』など、仏教の経典の中に何か真理があるのではありません。すべてが虚しいものです。すべてのことは私の心持ちにかかっているのですから、心の外に法はないのです。心無罣礙《しんむけいげ》（心に妨げがないこと）です。なぜなら、私がすべてを作り出したのですから。

私は誰でしょうか？

まだまだ私という自我に閉じ込められた私だ。

閉じ込められた私が何を作り出そうとも、それは自由ではありません。結局それは考えに過ぎないということです。

私が本当に真理に到達するには、自我の観点から自我のない観点へと移動するべきです。自我がないからといって〝ない〟のではありません。自我の観点では、それは〝ない〟と表現するのであって、自我がなくなったら自我が死ぬだけのことです。それは私がなくなることでしょうか。まだまだ私が自我の観点が絶対的だと思っているから、私がなくなるということをすべて否定してしまうのです。〝ない〟ということは自我から見ていることであって、真実ではありません。

老子は言いました。

「道というのは言葉で言うものではない、考えで言うものでもない、私が観点を移動するものだ。だから言葉で〝道とはこうだ、ああだ〟と言う人は、決して到達した人ではない」

真理に関する話は「何もないです」「無です」「宇宙と一体です」など無数にあります。しかし、どのような話をしたところで井の中の蛙に過ぎないのです。自我という井戸に閉じこもっている私が想像して語っているに過ぎません。自我という井戸を出て初めて真実を体験することになるのです。真実とは体験するものであって、語るものではありません。

存在が消えること、なくなることが正常

自我が消えていくという経験は、本当に面白いことです。自我が存在することより、はるかに面白いです。皆さんは、いつも悩んで、心配して、念慮して、ストレスばかりを受けています。自我の面白さは一つしかありません。それは一時的な争奪です。その争奪がなくなった瞬間でさえ、どれほど苦痛が大きいでしょうか。

正常というのは何でしょうか。恐れが消えることです。〝ない〟ことが正常だということです。自我というものも、正常ではないから存在しているのです。自我が消えることは恐れが消えることです。消えること、なくなることが正常なのです。

皆さんは〝ない〟もの、〝ない〟ことをいつも〝無〟と言いますが、〝ない〟というものは、

まだ正常ではない状態の私が作り出した幻に過ぎません。恐れが未開の領域を作り出し、「まだまだそこに行ってはいけない！」としているに過ぎないのです。偽物が消えれば、まさにそれが本物なのです。

ですから、自我がなくなるのはいいことですし、面白いのです。正常ではないまま存在し続けることがどれほど大変でしょうか。それは、身体に痛みのある人が、「痛みがあることはしょうがない。痛みがあるままやっていかなければいけないのだ」と思い続けているのと同じことです。自我が存在していることは、正常ではない状態なのです。正常ではない状態を当然のこととして受け入れるのは、もうやめましょう。もう飽き飽きして当然です。ですから、当然の状態、正常な状態になってみてください。

これは正常ではないものを正常に変えようとすることではありません。正常ではないものは、どれだけ時間が経っても正常にはなりません。観点を正常ではないものから正常の方に変えるのです。

正常なものは存在していません。存在できるのは正常ではないものだけです。ですから、正常ではないものから正常に移るというのは、正常ではない存在が消えるということであり、それから自由になるということであり、正常ではない状態から抜け出るということ。正常ではない状態を正常に変えるということではないのです。恐れというものを変えるのではなく、恐れというものから抜け出すのです。

皆さんは今、頂上まで来ています。これを禅師たちは「百尺竿頭《ひゃくしゃくかんとう》に一歩を進む」と言いました。百尺竿頭とは、とてつもなく長い竿の先端にいるということです。でもそこからさらに「一歩を踏み出せ！」と言っているのです。想像してみると、少し押されただけでそこから落ちてしまいそうですが、私が押したからといって、そこから落ちるわけではありません。皆さんはそこに立ちながら、掴みながら、落ちることなく揺れている状態です。

そうかといって、皆さんは今の正常ではない状態で至福感や祝福感を感じているわけでもありません。正常ではない状態で、どうして至福感や祝福感を感じることができるでしょうか。感じることができたとしても一時的なものに過ぎません。「苦しい、苦しい、苦しい」と言いながら苦しいということを掴み続けています。「苦しみから抜け出る」という発想を持たないのです。

ストレスや悩み、心配はすべて肉体、物質的なものにある

「自我が消え去る努力をしましょう」という話をしました。消し去ろうと思っても、なかなか消え去らない自我はどこからくるのでしょうか。これは根源的な自我があるわけではなく、精神的な自我からきたわけでもなく、実は物質から、この肉体からくる自我なのです。

皆さんが抱えているすべてのストレスや悩み、心配はすべて肉体、物質的なものからくるストレスです。ですから自我という枠の問題ではなく、枠の中の色の問題なのです。

色とは何でしょうか。鏡に映る肉体の私です。自我という枠でもない、その色から影響を受けているということです。

私たちは死というものをまだ経験していませんが、必ず起こってくる現実です。皆さんは周囲の人たちが亡くなっていくという形で間接的に経験しています。死とは色がなくなっていくことです。皆さんの色が消えたら、ストレスもすべて消えるはずです。

では、ストレスはどこにくっついているものでしょうか。どこからやってきて、何のためにあるのでしょうか。私たちは一体何に影響を受けているのでしょうか。

それは色という肉体からです。しかし、その肉体は消えていくのです。それがいつ消えるかはわかりませんが、誰もがその真実を知っています。それなのになぜ、そこから影響を受けるのでしょうか。本当に不思議でおかしなことです。

チベットの言葉に「死者の知恵に学びなさい」というものがありました。死者の知恵というのは、どこにあるのでしょうか。死者から私たちが何を学ぶことができるというのでしょうか。死者の知恵から学べというその言葉は、「私たちもいつかは死ぬ。それに気がついていなければいけない。私たちは今生きてはいるけれども、死も同じように共にある。私は死ぬはずだ。私は死ぬことができる」です。それをいつも念頭に置いて生きている人、それこそが本当の姿ではないでしょうか。そのように問い詰めてみれば、肉体は大きな問題ではなくなるのです。

今朝、弟子からメッセージがきました。「脳卒中で倒れたのですが、とにかく意識は回復しました。でも、まだまだ身体がフラフラしています」。彼は五十代なのですが、脳卒中になったというのです。これは一瞬にして起こります。多くの人が今ストレスを受けて悩んでいますが、そのように悩んでストレスを受けているときではないのです。こだわってみたところで、それは色に過ぎません。色はいつ消え去るかわかりませんし、変わるかもしれません。そのことは今、皆さんの存在が証明しています。皆さんが今存在しているのは過去があったからです。

過去はなぜ存在しているのでしょうか。その前の過去があったからです。なぜなら、原因のない結果はあり得ないからです。必ず今の存在をあらしめる過去、前世があったのです。

一度、前世の前世のそのまた前世……というように、ずっとさかのぼってみようではないですか。その時々で皆さんは今とはまったく違う姿でした。前世は今とは違い、またその前世は今とはもっと違う姿でした。そうやって色の世界は数限りなく変わってきました。赤から青へ、黒から白へ、無数に変わってきましたが、その色にどんな意味があるのでしょうか。なぜ私は青、紫、赤、そのような色に閉じ込められて、このように汲々《きゅうきゅう》としながら生きているのでしょうか。

色とは宿命的に決まっているものではありません。性転換手術を受ければ男が女となり、そして違う人の顔になることができますが、その中身は同じです。でも、事実として私たちは色を変えることができるのです。

では、どのようなときに色を変えることができるのでしょうか。それは「ああ、これは色に過ぎないものだ！」という自覚が訪れるときです。

「ああ、これは色に過ぎないことだ。それは当然のことじゃないか。私は今まで数限りなくたくさんの色に変わってきた」

　これに対する理解、色に対する自覚があれば、色はそれ以上の意味がなくなるのです。色というのは「私は紫だ！」というように、こだわるときに問題になるのです。色にこだわるということは、色から自由になれないということです。つまり、色に閉じ込められているということです。

　色から自由な人、色だということがわかっている人は、色から影響を受けることはありません。まさに皆さんに色の自覚が起こるとき、色から自由になって影響を受けなくなるのです。すべてのストレスの根源である肉体から自由になろうとするならば「これは色に過ぎない！」という自覚を起こすべきなのです。そうであればこそ、皆さんは次のステージに行くことができるのです。しかし、この最初の段階を超えることが、なぜそれほど大変なのでしょうか。周囲を見渡せば、今日、明日にでも死がやってくるかもしれないのに。

　私たちは何かの行為をするからこそ、その行為の記憶を持っています。私たちは夢を見ますが、その日一日を生きた結果として、現実の記憶が夢に現れてくるのです。そのように私たちは今この現実に生き、その結果として、死後はこの現実の記憶と同様な世界に入っていくことになるのです。

現実の世界とあの世とは、このようなものなのです。ですから死後の世界は特別な世界ではありませんし、高尚に話す必要はないのです。この現実の世界を記憶している世界に過ぎないのです。

私たちがいるこの世界は論理的な世界ではありません。論理的であり具体的であれば、ずっと続けて最後まで論理的であり、具体的でなければなりません。しかし、今このようなことを話しながら死んだとしたら、今まで信じてきた、論理的だと思ってきた、常識的だと思ってきたことが一瞬にして消えるのです。すべてが消え去ってしまうのです。このように一瞬にして死ぬかもしれないことが、どうして論理的であり得るでしょうか。

私たちが生きている世界は、呆れ返った世界だということです。確固とした永遠の具体的な世界だとしたならば、私たちに死というものが起こり得るはずがないのです。生が永遠に持続しなければいけないのです。しかし、そうではありません。今、持っている考えや感情、欲などを確固とした絶対的なものだと思っていますが、それらは一瞬にして消えてしまいます。まさしく風前の灯火に過ぎません。

皆さんが抱えているすべてのストレスや心配は、その灯火の中にあるものです。この明らかな深遠な真実を知っていながらも、なぜその灯火の中のストレスから影響を受けるのでしょうか。人生は無常だということを、虚無だということを感じ取らなければいけません。人生は確固たるもの、人生は永遠だと思っているから、抜け出ることができないのです。

わかったということ、正しいこと、明らかなこと、真理、法、こういったものはその枠の中に閉じこもっているものに過ぎません。その閉じこもった世界から生じたものです。その閉じこもった世界は、それ自体が虚構です。その虚構から生じてきた話は、何であっても真実であり得るはずがありません。なぜ夢の中で述べていることが真実であり得るのでしょうか。夢の中で述べていることは、やはり夢の中の戯言なのです。

「私は真理だ、これは正しい、正義だ」とどれだけ言ったところで、それはすべて私という虚構から生じてきたものですから、力はありません。私が色という肉体から影響を受けて、私がまだまだ枠というものを掴み、そこから影響を受けている限り、その中でどのような話をしたところで、それは偽物であらざるを得ないのです。

唯一の真実は「これは色に過ぎないものだ」と見極めることのできる自覚です。「この肉体というものは色に過ぎないものだ」「この枠というのも虚構だ」「私というものも実際の私の姿ではなく、私がかけた暗示に過ぎないものだ」という自覚を起こすことです。そうすることで色が消え、枠という自我が消えていくのです。そのような虚構がすべて消えた世界が真実の世界だということです。

まだまだ色に留まり、枠に留まっていながら自由を享受したところで、それは何の意味もないのです。それで私は「なぜ、皆さんはまだ自我が消えていないのでしょうか」と聞きました。皆さんは当然の真実に目を背けているのです。私の肉体、私の色というものは、いついかなるときに消え去るかわかりません。これを自覚している人がどうして色から影響を受け、ストレスを受け、悩みを受けて生きるというのでしょうか。

私が自由であること、私が消え去ることが道理

私の考えやこだわりによって、正常ではなく、非常識で、非合理的になっていますが、このように不便な状態は決して正常ではありません。人は悩んだりストレスを受けたり、いつも身体のどこかが痛く、何かが気がかりで心配しますが、それは決して正常ではありません。「考えが起こることは正常ではないのだ」と思わなければいけません。考えが起きないのが

道理に合っていて、私が楽であることが道理に合っています。私が自由であることが道理に合っていて、私が消え去ることが道理に合っているのです。

皆さんは心配があり、ストレスがあることが自然な状態だと思ってきたので、ずっとそのような状態を続けていましたが、それは正常な状態ではないということです。それは病気です。私自らが作っている精神の病なのです。

皆さんは正常の基準を変えなければいけません。今、正常だと思っていることは正常ではないのです。それをはっきりさせなければいけません。自由であるのが正常であり、至福で完全に全体性に陥った状態、それが正常なのです。皆さんは正常ではないことにこだわる必要はありません。皆さんに何か問題があるとすれば、正常ではないことです。本来は、皆さんに問題があり得るはずがないのです。

私は最終的には死ぬことになります。今はまだ皆さんの実体験ではありませんが、後々にはそれが真実になります。死ぬと肉体から霊魂が抜け出ますが、さらにその霊魂も消え去って、完全に自由な状態になるのが皆さんのコースです。なぜこのようなコースになったのでしょうか。それは結局、私がその霊魂にこだわり続けているからそのようなコースが続くのです。

正常というのは私たちの自然な状態です。人為的な努力をする必要はありません。しかし、皆さんは逆に正常ではない状態になろうと努力し続けているのです。自我にとっては意味があっても、実際は大した意味のないことを心配して、ストレスを受け、恐れを感じています。これは自然なことではありません。今この場で肉体を抜け出てみればわかります。そのようなものは一瞬でなくなります。すべては肉体があるからこそ生じたものに過ぎないのです。すべてのストレスは肉体的なものからきています。

時間がたてば、この霊魂さえも消えます。それはとても正常な私の状態になるということです。肉体もなく、霊魂もありません。私という個体もありません。個体ではない状態でも、私はいくらでも存在することができるのです。

この勉強では価値観が最も大事です。お釈迦さまがおっしゃった八正道《はっしょうどう》において最初に出てくるのが「正見《しょうけん》（正しい見解）」です。では、皆さんにとって正しい見解とは何でしょうか。まさに今、私が持っている価値観は正常ではないという気づきを持つことが正しい見解です。

悩み、憤怒、ストレス、それらはすべて偽物であって、正常な状態ではありません。人間というのは正常ではない状態であり、正常な状態は神の状態です。神といっても、特別な状態ではありません。人間的な状態が消えれば、まさにそれが神の状態です。ですから、今日から正しい見解を持たなければいけません。

私という自我がなくても私は存在する

存在していること自体が正常ではなく、存在が消えるのが正常な状態だという話をしました。ここで言う〝存在〟とは、形態と形状のことを指します。もちろん自我も含まれます。

存在的な側面、つまり形態や形状の観点、そして自我の観点からの〝ない〟という意味は絶対的な無ではなく、相対的な概念の無だということです。すなわち〝ある〟という観点から見て形態がない、形状の消失、自我の消滅を無と言っているのです。

それらが消えたからといって〝真の私〟が消えるのではありません。〝真の私〟は形態と形状と自我がなくても、依然としてその場に存在しています。それらがもたらす足かせから自由だということです。ストレスや恐れ、悩みが存在する状態は正常ではなく、むしろ、それらが消えた状態が正常な状態だという話をしました。

自我も同じです。自我は人間を規定する尺度ではありません。私という自我がなくても私は存在します。自我は虚空に打ち込まれた頸木《くびき》（自由を束縛するもの）に過ぎません。頸木が消えたからといって、虚空が消えるわけではありません。自我が消えたからといって、真の私が消えるのではないというのです。

これもやはり言葉の表現に過ぎず、実際に虚空へ観点移動すれば、自ずと自我という頸木はその存在の意味を失います。なぜなら虚空の観点では、自我はあってもなくても何の問題にもならないからです。これが事事無碍《じじむげ》（現象世界のものごとが相互に関連し合い、そのままで真実の世界を完成していること）の私、大道無門《だいどうむもん》（真理・悟りの世界に到るのに決まった入り方はないということ）の私、網にかからない風のような真の私です。

では、どうすれば自我の影響力から抜け出して観点移動ができるでしょうか。

1. 自覚する
2. 感謝する
3. 自尊心を捨てる

4. 心配しない
5. 欲張らない
6. 他人と比較しない
7. 他人を無視しない
8. 怒らず、他人と争わない
9. 自慢せず、謙虚に
10. 過去の恥と恨みを忘れる
11. いつも現在だけを考える
12. 許容し、包容し、受容して、理解しようと努める
13. 自分に満足し、自身を卑下しない

このようなことを行えば、自ずと自我の影響力は減っていき、そのとき私と自我の分離が起こります。

禅には自縄自縛《じじょうじばく》という言葉があります。「私が自ら私を縛って、私が自らを拘束させている」という意味です。すなわち自由とは「私が作った拘束の枠を、私が自ら消すこと」です。

私に対する悟りが深まるほど、私の心からも自由になる

禅には頓悟漸修《とんごぜんしゅう》という言葉もあります。頓悟とは文字通り悟りです。何に対する悟りなのかというと、私自身に対する悟りです。私自身に対する悟りとは、〝私とは誰か〟についての悟りです。

私は誰でしょうか。心の主人です。

心とは何でしょうか。世の中のあらゆるものを一つ残らず作り出した創造性であり、存在の親です。

心は誰に属しているでしょうか。私に属しています。

心は私の一部です。存在とともに、存在界のすべては私の心によって成されました。けれども相変わらず心は私に属していて、私の一部分に過ぎないのです。ですから、私は心を超えていて、私は心を抜け出ており、私は心と分離されもするので、私は心から自由であり得るのです。

漸修とは頓悟が深まる過程のことで、漸増的に自由を会得していく過程を言います。頓悟

すなわち私に対する悟りが深まれば深まるほど、私はもっと自由になります。漸修は自由へと向かって行く過程です。

私がまだ悟ることなく、目が曇ったままであれば、分別心（さまざまなものごとを二つに分けて捉えること）はなくなりません。美しい、醜い、良い、悪い、できる、できない……これらは真理のようですが、真理ではありません。それをお釈迦さまは「豚の目には豚しか見えない」とおっしゃったのです。

真理はこのように相対的なものではありません。私がまだ相対性に陥っているから、そのように見えるのです。私の問題であって、この世の問題ではないのです。私がその相対性を抜け出てまさに自由な仏陀の目を持ったら、すべてそのような二元的なもの、相対的なものは夢のように、幻想のようになってしまうのです。私には分別もなく、そして区別もありません。

自覚の光が入れば心配、不安、恐れといった暗闇は存在し得ない

皆さんにとって大事なものとは一体何でしょうか。自分が大事だと思うものがあるならば、何をもってそれを大事だと思っているのでしょうか。私にとって意味のあるものとは何でしょうか。それを一度見てください。どうしてそれが私にとって大事であり、意味があり、価値があるものなのでしょうか。私にとって真に意味があるもの、価値があるものとは何なのでしょうか。

八正道における〝正見〟とは、正しく見るということ、正しい見解のことだと前述しましたが、正しい見解とは何でしょうか。何が大事なもので、何が価値あるもので、何が私にとって必要なものなのか、正しい判断をしなさいということです。

それでは、私にとって正しい見解、価値ある見解とは何でしょうか。それは悟りであり、自覚です。最も大事なものは無条件に自覚・悟りしかないのだと知ること、それが正見です。そこから始めなければいけないのです。

何をしていようとも、私の意識の成長以上に大事なものがどこにあるでしょうか。私に自覚が起こり、私に悟りが起こったとき、何か問題が存在できるでしょうか。私が自覚を起こせば、すべてのことが本当に解決されます。私がそのような悟りの中にいたときに、どのような問題があるでしょうか。問題が消え去ったから悟りがやってくるのです。

暗闇はもともとあるものではありません。光がなかったから暗闇だっただけです。光が起これば闇は消え去ります。けれども、光がないから暗闇が実存となり、現実となって私に迫ってくるのです。その暗闇とは、心配、気がかり、不安、恐れ、焦り、ストレスといったものです。しかし光が入ってきたら、暗闇はどこに存在し得るでしょうか。

皆さんが抱えている心配や気がかりは実存的なものではなく、実体が一つもないものです。自覚の光がないから、そのようなものが存在しているだけです。私に自覚が起こったならば、暗闇は存在し得ないのです。心配、気がかり、不安、恐れ、焦りというものは、実体もないし雑多なものです。自覚をしないから、そういったものが存在しているのです。それを心に刻むのです。まだまだ私に心配、気がかり、不安、焦り、恐れがあるならば、それを私の現実だと考えるのではなく、実体があるものだとは考えずに、まさにそのときに自覚を起こすのです。

「心配や気がかりとは一体何なのだろうか」
「誰が私をこのように作っているのだろうか」
「誰がそこに力を与え、誰がそこに意味付けをしているのだろうか」
「誰がそのように考えているのだろうか」

それは、結局は私です。私がしていながら私自身がそれを知らずにいるのです。本当は話にならないことなのです。

正しい見解を持たなければなりません。〝正見〟をするのです。この世で最も大事なものであり、最も価値あることは目を覚ましていくことであり、悟りであり、自覚です。そのような〝正見〟をもう一度持ってみてください。

自覚を通して欲心を消したとき、大いなる平安が起こる

自覚をすることで、不必要な欲望やそこからやってくるストレスを、これからはもっと徹底的になくさなければいけません。世の中に終末が来ても来なくても、そのようなことに関心を持つ必要はありません。私の中で今起こっている、たくさんの心配やストレスから抜け出し脱皮するのです。

今まで生きてきた中で憤怒に駆られたことがないという人はいないはずです。どのような善良な人であっても憤怒を感じたはずです。その憤怒を感じているときの自分を見てください。

激しい憤怒に駆られるとき、私たちはどのようになるかというと、怒りのあまり何も目に入らない状態になります。そういうときに極端な選択をしてしまうことがあります。たとえば、他人や自分自身を殺してしまったりします。なぜそのようになってしまうかというと、「世の中に何も怖いものはない」という状態になるからです。

その反対もまた憤怒と同じです。それは心の安定です。私の悩みと心配が、私の心から完

全に消え去るとき、すなわち私の心が完全に空《から》になっているときに、憤怒の千倍くらいの強い安定を感じます。皆さんは憤怒に駆られるとき、力がみなぎると思いますが、それは刹那な時間のはずです。その憤怒はすぐに消え去るので、憤怒が消えたときにまた恐怖が襲ってきます。そして、それと同時に後悔がやってきます。

しかし、自覚を通して自分の中にある欲心を消したとき、欲心が消えることによって、大いなる平安が起こるのです。そのような完全な瞑想的な状態はとてもリラックスしていて、平安であり、それこそ正常なのです。

それは座禅や修練をして得られるものではなく、今、瞬間ごとに私を襲ってくる心配、ストレス、苦しみを生み出す欲心がなくなったときに起こるのです。ですから、楽になるための瞑想はする必要がないのです。毎瞬間ごとに瞑想することができます。なぜなら、皆さんは瞬間ごとに考えと心配を持って生きているからです。心配事やストレスにさいなまれる今この瞬間に、私がしっかりと観察してみるのです。

「どうして私はこのストレスを受けるのだろうか」
「このストレスはどこからくるものなのだろうか」

「ストレスを受けるのは、私が不必要な欲を持っているからだ」
「その欲とは何だろうか」
「私は何のためにこの欲を作り出しているのだろうか」
「この欲は果たして私に必要なものだろうか」
「この欲を通して得られるものは何だろうか」

このようにいつも私を観察していけば、抱えていたストレス、悩み、心配は消えていきます。まさにそのようなものが消え去ったとき、本当の瞑想状態が訪れます。このようになってこそ精神的に健康になるのです。悩みやストレスが消え去り、精神的に健康な状態になれば、肉体も健康になるということです。

勉強というのは、このように難しいことではありません。単純なものであり、外部から受け取るものでもなく、私の中に存在している、私が作ったものを整理して鎮めることです。きちんと片づけられた部屋は落ち着くと思います。私の心をそのように整理すること、掃除することが、それほどまでに大切なのです。心が空になって、きれいに整理されたとき、悩むことも恐れることもなくなります。

未練も愛着もなくして「人生のすべてに順応していこう！　受け入れていこう！」という状態を誰が破ることができるでしょうか。私がすべてのことを受け入れて順応して生きると言っているのですから、誰がそれに影響を与えることができるでしょうか。世の中に終末がやってきても、私の心はそれほどまでに楽でいることができるのです。

考えと感情の実体は火花のようなもの

皆さんは自分のために努力するべきです。皆さんはいつも良くない方向に努力をしていますが、自分のための良いことにはあまり努力をしません。それが問題なのです。私を愛そうとする私は相変わらず不足しています。

身体というのは私が愛してあげなければ、それに対して反応を起こすようになっています。私たちは子供、恋人、家族、子犬のことは愛してあげるのに、私自身に対しては振り返ってみようと努力する習慣がありません。いつも私自身を楽にしてあげることを忘れてはいけません。

ライターで火を点けようとすると火花が散りますが、私たちの感覚はこのようなものだということです。点火された炎ではなく、火を点けようとしたときに瞬間的に飛び散る火花です。これこそ私たちがいつも悩んでいる考えや感情の実体です。一瞬パッと光りますが、すぐに消え去り、またピカッと光ります。

私たちが考えや感情にエネルギーを注ぎ込むと、火花は大きな炎となります。炎になるためには、私がエネルギーを供給してあげなければいけません。しかし、なぜ私が考えと感情にエネルギーを与えなければいけないのでしょうか。

考えや感情とは何でしょうか。それは何らかの判断、知性、理性、そういったものだとしてみましょう。しかしその実体は、判断や理性、知性であったとしても、火花のように瞬間的なものに過ぎないのです。判断、理性、知性というものの実相は、このようにしばしの間ピカッと光る火花のようなものなのです。私たちが何らかのエネルギーを供給してあげない限り、刹那の間の瞬間的な存在に過ぎません。これが私たちの考え、感情の実体です。

今、意識しながら呼吸をしている人はいないと思います。この瞬間にも息を吸って、吐いています。とても自然に呼吸しているはずです。息をスッスッと吸い、ハッハッと吐くということにエネルギーを使ったりはしません。自然に、意識せずとも吸って吐いています。感情や考えというものも、そのように自然にしておかなければいけないものです。パッと光る火花がやがて消え去るように置いておいてあげるのです。そこにエネルギーを与えて炎を作り出し、熱を受ける必要はないのです。

「人間とは何か思考をして、知性や理性を持たなければいけません。判断するためには私たちはずっと続けて思考をして、いろいろな感情を作り出すことが自然ではありませんか」と言う人がいますが、それは違います。それは私たちの本来の姿ではありません。私たちは肉体だけに属している存在ではありませんし、精神的な存在でもありません。肉体もあるようにさせ、精神もあるようにさせる、そのような存在です。存在をあらしめる存在、すべてのことをあらしめる存在なのです。

私たちは作られたものではなく、何であろうと作り出すことのできる〝それ〟なのです。しかし、いまだに作られたものが私だと思っています。

作られたものがしていることは何でしょうか。いつも感情や考えを作り出しておいて、そこにエネルギーを与え、それで自分自身を火傷させているのです。考えのつらさに行き当たり、感情に心を痛めていますが、実相はこのように何でもない火花のようなものなのです。

では、人間において最も強烈な感情は何でしょうか。愛だとしてみましょう。愛に一生懸命エネルギーを投入して、それを炎のように燃え立たせます。初めは愛という感情も火花のようなものでした。そこに私がエネルギーを与えて炎を作り出すのです。私が恋に陥ったり愛を感じたりするときは、盲目になり、ただそれがすべてになるのです。世の中が滅亡したとしても私の愛だけは不変だ、この考えや感情は変わるはずがないと確信を持ちます。けれども、愛の実体は何だと言ったでしょうか。考えや感情の実体は何だと言ったでしょうか。しばしの間、光るものに過ぎません。もともと実体のないものだったのですから、人間において最も強い感情だという愛さえも、あっという間に憎しみに変わり得るのです。

なぜこのようなことが起こるのでしょうか。愛という感情や考えも、もともと刹那のようなものであり、実相がないものだからです。この点を皆さんは完璧に洞察しなければいけません。もうこれ以上、私に起こる感情や考えにエネルギーを与えてはいけません。それは非常に不自然なことで、愚かにも未練を持っていることです。私が息を吸って吐くように、しばしの間考えが起こっても、考えはいくらでも他の考えで対処することができます。考えを捕まえて、そこにエネルギーを投入する必要はないのです。

では、そのように生きるには、どうすればいいでしょうか。

皆さんは、考えを捕まえて理性や知性というものを作り出してこそ素晴らしい、炎を作り出すことこそ人間の業績だと思ってきましたが、自覚によって「感情や考えというものは、この火花に過ぎないものだ」と気づき、そこにエネルギーを与えるのをやめてみるのです。そのようにして考えの実体を感じてみてください。そして考えを流し去ってみてください。そうすると真に正常になり、そのような理性、知性、判断がなくても、本質的な理性を持つことになるのです。

すべてをあるようにさせている偉大な私の自由意志、無限の知恵、無限の知性は自分の中から湧き出てくるようになっていますが、考えや感情から作り出した知性や理性は何の意味もありません。なぜなら実体がないからです。あっという間に消え去るものだからです。皆さんが今陥っている感情を見てください。誰が感情を捕まえ、誰が感情にエネルギーを与えているのでしょうか。すべて私です。私はなぜ、このようなことをしているのでしょうか。

これまで自然と起こってくる人間の理性、知性、哲学だと思ってきたものが、そうではないということです。精神的な病の一種だったということです。もう正常に生きていきましょう。どのような考えや感情であっても、火花のようなものに過ぎないからです。このような自覚を持てるようになると、私の本質から出てくる知恵を持てるようになるのです。そのためには火花を炎にするようなことをしてはいけません。炎を作ってはいけないのです。私がそこにわざわざエネルギーを与えて考えの炎を作り出し、感情の炎を作り出すようなことはもうやめなければいけません。「考えと感情の実体は火花に過ぎなかった」ということを見抜く自覚が大事なのです。

私が年を取ってきて肉体を捕まえておく力が弱くなったせいか、あの世に行く機会が増えました。この世にいるよりもあの世にいる時間の方が長くなったように思います。

そこでお伝えしたいのは、死後の世界が大事なのでも、死が大事なのでもないということです。今生きていること、この人生が最も大事なのです。だからといって毎日毎日、自分の感情や考えに火を点けている、そのような人生が大事なのではありません。生きていながら、意識をしながら、まさにこのような私に気づくことが大事なのです。それ以外に生きている中で大事なものは一つもありません。生きている中でさえ大事なことはそれくらいしかないのに、死ぬことにおいてもっと大事なことがあるでしょうか。

死後の世界も大したことはありません。あの世というのは、私が作った考えや感情に徹底的に陥ってしまう呆れ返った夢の世界なのです。目を覚まして「ああ、幻だったな」と思うようなものです。大事なものは何もないのです。生も大事なものでもなく、死も大事なものでもなく、死後の世界も重要なものではありません。自覚をなくして生きていては、何も大事なことはありません。ただ大事なことは、このように自覚に対する話をして、自覚を通して私をずっと目覚めさせることだけです。皆さんはいかなる努力もする必要はありません。ただ一つ努力することがあるとすれば、瞬間の考えからそのように炎を作り出したり、感情から炎を作り出すことをやめることです。これは本当に愚かな行為だからです。

自覚に対して努力をすること。それで充分です。私は「知恵深く、偉大なことをしましょう」と言っているのではありません。皆さんがすべきことは〝未練を持たないこと〟です。もう自信を持ってできるはずです。感情と考えが消え去らないのであれば、手をパン！　と叩いてみてください。「気持ちをしっかり持て！」ということです。すると、感情と考えはその瞬間に消え去ります。

真の瞑想は、絶えず自覚をしていくこと

瞑想はとても簡単です。私が愚かさにエネルギーを投入しなければいいだけです。私の感情と考えを炎にしなければいいのです。それが瞑想です。座禅の姿勢を組んで座って無念無想をしているつもりでも、皆さんは無念無想という考えをまた作り出しているのです。

真の瞑想は、絶えず自覚をしていくことです。私はなぜまた考えを作り出し、瞑想という考えを作り出し、それを炎として作り出そうとしているのでしょうか。私がまた感情にエネルギーを与えて、このようにつらさを感じているのでしょうか。ただ自覚をすること、私自身をそのように目覚めさせること、これが真の瞑想です。

扇子などを用意して、私が何か愚かな考えに陥るたびに私をパン！　と叩くのも効果的です。叩かれるのが嫌になるので、もうそれ以上考えや感情を作り出さなくなります。昔は修行において、自分が犯した過ちに対して「何てことをしたのだ！」と自責しながら自分を責めたり叩いたりしました。しかし、今は私が私を愛してあげる時代です。過ちを犯したからといって、大事な私を自分で叩く必要があるでしょうか。自分を叩かないで、パン！　と手

を叩きながら「私が起こした感情や考えよ、退いて消えろ！」と言うのです。


「感情や考えというものは本当に何でもないものなのだな」

「一時的で瞬間的なものなのだな」

「だからこそ容易く変わっていくものだな」

「実相がないものだな」


こういった自覚をするべきだということです。

そうしたらどのような現象が起こるでしょうか。愚かに未練がましくエネルギーの供給をしなければ、自ずと私の真の姿が現れてきます。「次はどうすればいいのか」「このようにしたら、どうなるのか」、そのように考える必要はないのです。それはまた、火花を起こすのと同じです。

無条件に考えは流してしまいましょう。判断はしますが、判断に陥る必要はありません。感情も起こりますが、掴んでいる必要はありません。考えと感情の実相は火花のようなものに過ぎません。この最も大事なことを、深く悟らなければいけません。

私自身が道であると自覚する

私自身を見ることはそれほど大変でしょうか。しかし、それ以外に道はありません。その道は外に向かっている道ではなく、必ず私を通過しなくてはいけない道です。ですから、自分自身が道だということになります。道は岩や石がふさいでいるかもしれませんし、大きな川が横切って流れているかもしれません。そのように到底行くことができないと見えるときもあると思います。それでもその道だけを行かなければいけないのです。その道とは他でもない私自身です。私自身が道だということです。

つまり、私以外の他のものを見ているならば、それは既に道を見失ったということです。真理であっても宗教であっても、イエスさまであってもお釈迦さまであっても、とにかく私以外のものを見るのであれば、それは既に道を見失ったということなのです。ですから、決して私以外に道を外れてはいけません。

もっと確実にその道を行こうとするならば、他でもない私自身をもっとはっきり見ようという意志を持つことです。何か悩みが生じたり、ストレスが生じたり、逆境が生じるかもしれませんし、困難なことが起こるかもしれませんが、どのようなことがあったとしても、それを通過することができるのは私自身しかないということです。何があろうとも、とにかく私というものを見続けて、私が自覚をすれば、すべてを見ることができるようになります。

私には無知、考え、固執などいろいろありますが、自覚のために何が一番大事かという私についての考察です。私について深く考えて熟考するのです。

たとえば、悩みが起こったときには「私について見てみよう」「私について考えてみよう」としてみるのです。それが考察です。私に対して考察をしたら、私に対して省察をして、その次に私に対して洞察をするのです。考察が私について考えることならば、省察は映す、照らすということです。

省察というのは鏡に私を映し出すようなものです。鏡に私を現すのです。そこに何が見えるでしょうか。私がよく見えます。それを見れば、目がどこに付いているか、私の顔に何が付いているか、私がどのような姿形をしているか、よく見えるはずです。私が今「目に何か付いたようだな」と気になっているとき、よく鏡を見たら「ああ、本当に目に何か付いている」と見ることができます。そのように映すことができたら、その次に感覚がやってきます。何かを感じます。わかったという感覚が洞察です。このような過程を通してこそ「ああ、そうか！」と自覚が起こるのです。

不意に消えるその瞬間まで、自我は存在し続ける

氷は一滴の水に溶けるその瞬間まで、氷に固執します。自我も同じです。自我が不意に消えるその瞬間まで、自我は存在します。ですから、自我は自分が消えるのを予測できません。つまり不確定でなければならないのです。自我は自分がなくなることを知っていると、絶対に消えないからです。

自我を相手に勝つことはできません。自我は天才の中の天才です。自我は自分の存在が危うくなるとすぐに考えを介入させ、その状況から抜け出そうとします。どんな論理も自我に勝つことはできません。論理を自我が作り出すからです。禅家《ぜんけ》で禅僧たちが何かを話そうとするとき、禅師は喝を入れる棒で容赦なく弟子を叩きつけます。これは考えの介入を防ぐためです。

自我が消える過程は非常に困難です。それは一種の麻薬中毒よりひどい思考中毒から抜け

出なければいけないからです。中毒者は苦しみを避けるために薬を探し求めます。自我も生きるために考えを探し求めます。それで、この勉強の旅程を表す言葉として「死ぬか生きるかで行かねばならない」という言葉が生まれたのです。けれども、意志がある者は必ず成し遂げることができます。

黄檗《おうばく》禅師はその過程をこのように表現しました。

「一挙、手綱を取って励むべし
骨身に染み入る寒さに耐えずして
どうして鼻先をつく梅の香りを嗅ぐことができようか……」

悟りは個人的な事件

自分自身の限界とは何でしょうか。それは現実的なことではありません。「今、所有しているものがない、足りない」、そのようなことは限界になり得ません。私が勉強するのであって、お金で勉強するわけではないからです。「体力がない、体力の限界を感じる」という言葉すら当てはまりません。

自覚の勉強というのはお金でするものでもなく、体力でするものでもありません。ですから、ある状況に対してそこに限界を感じる必要はないのです。

結局、勉強においてのすべては心に由来します。心の問題しかありません。他のことは限界になる要素ではないのです。「私が勉強において限界を感じている」という言葉は、私の心の限界、精神の限界、考えの限界でしかありません。

では、誰がそれを限界と言っているのでしょうか。限界が主人なのでしょうか。私が主人なのでしょうか。当然、私が限界という考えの主人です。しかし、いまだに「ここが私の限界です。それは私がまだ抜け出ることのできない臨界点です。難関にぶち当たっています」と皆さんは言います。

悟りには何の基準もありません。これは純粋に個人的な出来事です。悟りとは私のことであり、私だけの出来事であり、ただただ私に属する事件に過ぎないのです。なぜ個人的な事件というのでしょうか。それは他の人と比較する必要もなければ、他の人について行く必要もなく、純粋に私だけの問題であり、私が設定した私の限界を超えていく、私とのゲームだからです。ただひたすら私に属するものであり、私に関することなのです。

よく私たちはこのようなことを言います。「彼は悟ったらしいが、彼の行動、言動、姿を見ると悟った人のようには見えない」。しかし、そのような見方は間違っています。悟りというものは、ただただ私の中で、自分の中で起こることです。自分との心のゲーム、精神のゲーム、死闘のゲームで勝利したということなのです。他人と比較する必要もなければ、比較できることでもないのです。

ですから「悟った人はこうあるべきだ、ああであるべきだ」と言うのは間違ったことであり、「こうであるからこの人は悟った人である」「ああであるからこの人は悟った人ではない」というのもあり得ないことです。なぜなら、これは他人とはまったく関係のない、私の話だからです。この世の中で、自分と他の人たちは一緒に住んでいますが、結局私がこの世の中を生きていくのであって、他人が私の代わりに生きていくということはないのです。結局は、すべて私の心によって生きているのです。

「自分が嫌だったら、どんなに良いことであってもしない」という韓国のことわざがあります。悟りは、外側に現すこともできませんし、外側に現す必要もなく、示すこともできません。ただただひたすらに、純粋に自分の中の問題なのです。他人を意識しながら、私はまだまだ悟った人の行動をしていない、悟ったようではないという考えはどこから来るのでしょうか。それは他人という存在から来る概念に自分を当てはめているということです。

一時、私もそれに混乱を覚えたことがあります。自分自身を見たとき、自分も混乱の中に陥っていたようでしたし、悟ったと噂になっている人を見ても、やはり混乱を覚えました。「なぜ、あのような行動をしているのに悟ったと言えるのだろうか。私はまだまだこのような考え、このような行動をしているのに、私は悟ったと言えるのだろうか」。こういう考えを休むことなく作って、私は自分を苦しめました。これはまだまだ外部から取り入れ、自分で作った概念で自分を苦しめて、縛っていたということなのです。それは結局、自分の問題ではなく、他人が与えてくれる問題だったのです。

では、悟りとは何でしょうか。「悟りとはこれだ」「悟りとはああいうことだ」と語るようなものではないのです。ただただ私の全体、本当の私を悟ることです。私は言葉通り、存在を作り出し、形態を作り出し、自我も作るのです。そのようなすべてのことを作り出す創造性の私、それがまさに私なのです。私は存在という形態を選ぶこともできますが、存在がなくても存在し得るということです。そのように私自身について、本当の私について、完璧に悟るのです。ですから概念で評価するものではないのです。他人を見る必要はまったくありません。

「あの人はああだから悟ったようだ」「あの人はこうだから悟っていないようだ」、これはまったくの虚像です。私以外の誰かを見るならば、それはまったく間違ったことであり、この勉強においては、もっともっと個人的になるべきなのです。

実は、〝個人的〟という単語も適切ではありません。個人というと、自分の中に閉じこもっているというイメージが湧いてしまいます。個人的な事件だというのは、私という個人を指すのではなく、「ただひたすら私に集中せよ、私に専念せよ」という意味なのです。

もう悟りに対する定義などを言葉にしてはいけません。そのような虚像がどこにあるでしょうか。悟りにおいて、その定義も虚像なのですから、悟った人というのはなおのこと虚像でしかありません。悟りはただひたすら私の問題です。ただひたすら私のことなのです。悟ったマスターたちは「悟りというのは個人的な事件だ」とひたすら言い続けています。

「夢の中の水の泡」のようなこの世で、すべてが幻想だと悟る

大事な公案（悟りを得ることを目的とした問題や課題）について考えてみましょう。『金剛経』に出てくる「如夢幻泡影《にょむげんほうよう》（夢の中の水の泡）」です。お釈迦さまは、この世の中は「夢の中の水の泡」のようなものだとおっしゃいました。「この世の中は夢だ」と言ってもそれは空しいものなのに、「夢の中の水の泡だ」とおっしゃいました。

では、水の泡とはどういうものでしょうか。少しの刺激があってもすぐ砕けてしまうようなものです。それは存在さえもしていないような、存在してもしなくても同じようなものだということです。泡というものはいつ砕けるかわかりませんし、長く存在することもできません。夢も目が覚めてしまえば何もなかったような空しいものですが、なぜお釈迦さまは私が考えを燃やし続けている堅固な世の中に対して「夢の中の水の泡」のようなものだとおっしゃったのでしょうか。真実であるからこそ、このようなことをおっしゃったのです。

この公案を理解できない人はいないでしょう。どのような意味か、どのような言葉かすべてわかっていますが、この真実を受け入れることができる気づきがなければいけません。こ

の公案を通して気づいて、悟りを得ることができなければいけないのです。

この公案が悟りを与えるのではありません。けれども「本当にそうなんだな」とこの公案を受け入れると「夢の中の水の泡」ということが自分のものになるのです。これが本物の公案です。なぜお釈迦さまは強固で堅固で絶対的なこの世の中に対して「夢の中の水の泡」というように表現されたのでしょうか。

私たちの人生、生き様というのは風の前の灯のようなものです。灯は風によっていつ消えるかわかりませんが、風はいつも吹いています。灯はいつも消えかかって揺れていますし、いつ消えてしまうかわかりません。

私たちの人生は葉っぱの先の雫にも例えられます。その雫は、いつその葉の先から落ちてしまうかわかりません。本当にひやひやしながら、そこにあるのです。それがまさに私たちの人生です。

これを理解できない人はいないでしょう。ですから、ある面で言えばお釈迦さまのこの公案は決して難しい内容ではありません。実に現実的な話だと言えます。それなのになぜ、私たちはこのような現実に目を背けているのでしょうか。

人は永遠に生き抜くことができるでしょうか。一瞬後のことを知ることができるでしょうか。私は必ず明日も存在していると断言できるでしょうか。本当に危ういところを維持しながら生きているのです。

では「夢の中の水の泡」のような世の中ですべきことは何でしょうか。ここで何をしなければいけないのでしょうか。この世は「夢の中の水の泡」のようなものだからと無視するべきでしょうか。いいえ、違います。ひやひやしながらも、私は今、存在していではありませんか。いつかなるときに消え去るかわからない、ひやひやするようなこの世の中に私は存在しています。私は本当に意味ある生き方をするべきで、意味あるものを探し出さなければいけないのです。

〝存在する〟ということは本当に大事なことです。私が今生きて、存在していて「今、自覚をするぞ！」という今の時点、このタイミングがとても大事なのです。この世の中は「夢の中の水の泡」のような儚いものです。私たちが存在しているこの瞬間から、消え去る瞬間まで自覚をしなければいけないのです。命ある大切なこの人生の中で悟らなければなりません。本当に価値あるものを探さなければいけないのです。「夢の中の水の泡」という公案にはこのような意味があるのです。

人生がどれほど空しいものか、誰もがわかっています。この世にはどのような意味もないし、どのような価値も探し出すことができません。なぜなら、この世は単なる「夢の中の水の泡」のようなものだからです。ですから、それに対して皆さんは幻想を持ってはいけません。そのような幻想は消えていくだけなのに、それが皆さんを苦しめています。考えの中に陥って、考えの中で苦しんでいます。そのような姿を見ると、どれほど空しいでしょうか。考え一つで苦しんで、考え一つで苦痛を受けているだけなのです。考えの中に陥った人生は、どれほど空しいことでしょうか。

「霊魂の世界は永遠で、楽だ」というのは嘘です。今この世で考えの中で苦痛を受けている人は、あちらの世界ではもっと強烈な苦痛を受けるのです。この世の中で、いつも考えで気がかりを作り、考えで苦しみを受けている限り、この肉体が消え去ったところで、あの世に行って気持ちが楽になったり、天国に行けるはずがないのです。ですから、あの世に決して期待をしてはいけません。この世とは違う霊魂の世界だというような幻想を持ってはいけないのです。

だからこそ生きているうちに、早く気持ちをしっかりと持たなければいけないのです。もうこれ以上、考えの火遊びをしてはいけないのです。私が作った考えで私が苦痛を受けるような愚かなことを、もうこれ以上してはいけません。

皆さんの心配というのは、いつも実体的なものではなくて抽象的です。習慣的に心配をしているのです。心配だからといって助けてあげるわけでもなく、ただ心配だけをしています。ですから、その心配は何の助けにもなりません。そんなことをするくらいなら、もう最初から心配しないでください。

このように私たちの心配、気がかりは、ほとんどが不必要なものです。本当に実生活において必要な悩みというのはごく僅かしかありません。それ以外の悩みは何の意味もないことです。それらをなくさなければいけません。もし気がかりがなく、心配がないとしたら何をするべきでしょうか。いつ消え去るかわからないこの世の中で、何をしなければいけないでしょうか。

私を目覚めさせるべきです。私が今このように生きて存在していること、このことを深く考えて洞察するのです。幻想を追い払うのです。「夢の中の水の泡」のようなものなのに、それに幻想を見ていてどうするのでしょうか。食べていくことができて、寝ることができるならば、自覚をしなければいけないということです。目覚めなければいけないのです。

もう既に、死んでから行くあの世、死後の世界に対しての幻想もなくなったと思います。「死んだら楽になる」「死んだらすべてから解き放たれる」、そのような幻想も捨て去るべきです。考えの中から抜け出すことのできる唯一の道は、まさに今の重要な時期に「私が作った考えの中で私が苦しんでいる」ということを自覚することです。知って、わかることで、この考えというものは、すべて的外れなところからやってきていたということを、ここで悟らなければいけないのです。

心を満足させて豊かな気持ちになれば、自然と自覚は起こる

善と悪、美しさと醜さ、多いと少ない――このように、皆さんは真実だと感じている概念に陥っています。そういった概念はすべて夢の中のさらに夢の話です。夢の中にはいかなる真実、実体、真理もありません。単なる夢に過ぎないのです。大事なのは夢から覚めることであって、夢の中の概念に陥ることではありません。それで『般若心経』は「これでもない、あれでもない」とすべてのことを否定します。

ですから、目を覚ますことが大事なのです。お釈迦さまは目を覚ましたことで、自分が夢の中にいたということが初めてわかりました。それは目を覚ました人だけがわかることです。

目を覚ますためにはどうしたらいいでしょうか。夢の中に閉じこもっている夢の中の概念に執着して、こだわってはいけません。しかし、夢の中に陥っていて、考えの中に陥っていて、どうしてそこから目を覚ますことができるでしょうか。目を覚ますためには、真実であるかのように、現実であるかのように、どのようなものが近寄ってきたとしても、それを否定し切ろうとする私の意志がなければいけないのです。その意志がなければ目を覚ますことはできません。

お釈迦さまはおかしな論理をお話しになりました。「一千万人の人が大事なのではない。一人の悟った人がもっと大事だ」

この数字の矛盾がわかるでしょうか。一千万人より一人が大事だということが。この〝一人〟はただの一人ではありません。夢から覚めた人なのです。もう一方の一千万人は、まだ夢の中にいる人たちです。常識的に判断して、夢の中に陥っている一千万人が大事でしょうか。それとも夢から覚めて一人で歩き回っているその人のほうが大事でしょうか。全員が夢の中に陥っているのに、それが一千万人であろうと二千万人であろうと、何の意味があるでしょうか。

悟りの世界では、まさにこのような論理が通じるのです。そしてこれが真実です。ですからこれ以上、世俗の論理、夢の中の論理で迷わないでください。夢の中の概念や論理で、目を覚ましたことを判断してはいけないのです。ただ無条件に目を覚ますのです。

目を覚まして見ている人と夢の中で眠っている人とでは、次元が違います。夢の中にいる人はずっと寝言のようなことを言い続け、ずっと人々を夢の中に陥らせ続けようとしています。世の中のほとんどの精神的指導者や宗教の教祖と言われる人たちは、そうやっています。そのような人たちを見て、イエスさまはこうおっしゃいました。「盲目の人が盲目の人を引導しているのだな」と。

ですから一日一日に満足して、ありがたい、温かい気持ちを持って楽しんでください。そして必ず自覚をしてください。自覚はいつも私の心に余裕があるときに生じます。気持ちに余裕を持ってください。心を満足させて豊かな気持ちになったとき、自然と自覚は起こってきます。「私の人生は光り輝く人生だ」「私の人生で最も光り輝く瞬間を生きている！」という自覚を起こすことを願います。

今を大事に扱えば、人は知恵深くなる

「どうすれば私が一日でも早く目を覚ますことができるのか」。このことばかりを考えなければいけません。それしかすることはありません。衣食住のこと、生活のことを考えるときではありません。

考えや神経を完全にコントロールしてみてください。自然と考えから抜け出るようになれば、肉体的な影響を受けにくくなります。肉体からの影響を受けなくなればなるほど、肉体の感覚からは自由になるのです。

そうすると、自然と分離が起こりやすくなります。そのときから精神と肉体の分離がさらに起こるようになります。今は肉体的なことからあまりにも影響を受けているため、コントロールをしなければいけません。早くこれをこの世でやっておかなければ、肉体を脱いだあとに大変なことになります。

今を大事に扱えば、人は知恵深くなります。その知恵をずっと自分のために、自覚のために使うのです。すると、もっともっと知恵深くなっていきます。そしてその知恵を価値のあ

るように、意味のあるように、偉大になるように使っていくようになるのです。そして本当に偉大になっていくのです。

この大事な時間を、本当に価値あるように使わなければいけません。そのためにはあれこれと気を回すのではなく、ただひたすら自分を目覚めさせるのです。自分の精神を目覚めさせて、コントロールして、そうやって本当の自分を明らかにするのです。そのためには休むことなく、ずっと続けて自覚をしていくのです。

〝一切唯心造〟は絶対不滅の真理

悟りはずっと続けるものです。「あのとき悟った」ということではありません。先ほど頓悟漸修という言葉を紹介しました。順序を踏んで長い修行を行い、だんだん悟っていくということです。ですから悟りを得ても、さらに勉強をしなければいけません。悟りを得ることができなければ、今やっていることを勉強と呼ぶことさえできません。必ず頓悟をした後に、漸修がなければいけないのです。

では頓悟とは何でしょうか。悟りのことを頓悟といいます。何に対する悟りでしょうか。大いなる宇宙に対する悟りではありません。〝一切唯心造〟を確信することが悟りであり、すべてのことは私の心にかかっているということがわかること、これがまさに頓悟です。

けれども、このような悟りがきても、多くの人は「そうかな？　本当かな？」と言っています。なぜそうなのでしょうか。その悟りが偽物だからでしょうか。悟ったらそこで終わらなければいけないのですが、なぜ悟った後に勉強が必要なのでしょうか。それに対する答えはそれぞれが自分で考えなければいけません。

「すべてのことは私の心にかかっているんだなぁ」。それは確かにそうです。でもそれが、そうだと思うときもあり、そうではないと思うときもあるのはなぜでしょうか。できるときとできないときがあるのは、なぜなのでしょうか。

これがまさに漸修です。修練というのは何か大きなことをするのではありません。頓悟の後に頓修という言葉を付けるのは間違っています。もっと的確な表現が英語の「ing」です。ずっと進行形だということが一番合っています。自覚の炎を燃やし続けるのです。

水が沸騰したら、水は水の状態を失います。水蒸気のように見えながら、その水蒸気さえ消えていきます。けれども水は最後の一滴がなくなるその瞬間まで、自分を水だと主張し続けます。ですから最後の一滴が消えて蒸気になり、虚空になったならば、自分自身を探し当てたことになります。私は実際それなのです。そのときまではずっと自覚の炎で水を沸騰させなければいけません。

水を沸騰させるとはどういうことでしょうか。不断の自覚を起こさなければならないということです。

どのようなことに対する自覚でしょうか。〝一切唯心造〟という自覚です。

なぜ私は〝一切唯心造〟を自覚できるときもあれば、できないときもあるのでしょうか。これ以上の真理はありません。私の心持ちによって宇宙が滅亡しても、私はそれを受容することができます。私は宇宙どころか、無限よりもっと広く心を持つこともできるのです。

〝一切唯心造〟というのは絶対不滅の真理です。この絶対真理の施行者は誰でしょうか。私自身です。それができるときもあり、できないときもあるというのは、それすらも皆さんの心持ちにかかっているということです。なぜ〝一切唯心造〟だと自覚できずにいるのでしょうか。何が〝一切唯心造〟という自覚を妨害しているのでしょうか。結局はそれも私なのです。

このように、ずっと私自身を見るのです。自覚、自覚、自覚――このことの何が難しいのでしょうか。何が大変だというのでしょうか。これができなくて今まで数千、数万回も輪廻を繰り返してきたのです。この言い訳、あの言い訳を使ってまた自分自身から遠ざかろうとしています。それは忍耐力の不足ではなく、本気の不足でもありません。だからといって運命だとすることもできないものです。

悟りは、考え遊びからの卒業

私は弟子に対し、食事を制限し、寝ないで座り続ける修練を一週間実践させたことがあります。何時間も座り続けて過ごすことは大変なことですが、根気がなく集中力が続かないのは精神力が弱いということです。

その昔、苦行を何年も行った人たちの特徴は何でしょうか。集中力があり、根気があるということです。他人のせいにして、外側（外の世界）を言い訳にすることなく、何年もの間、苦行をすることができたのです。

何年にもわたって苦行をした人たちは、なぜ苦行をしたのでしょうか。苦行をするからには自分自身の目的があったはずです。苦行には「道を求めるため」「光の世界に入るため」「悟りを得るため」というような目的があったはずです。そのようにして七年も十年も苦行をしました。そしてまた「もうこれ以上、苦行をしない」と決めたときに、その人たちが悟ったことは何でしょうか。「あぁ、すべてのことは私の心持ちにかかっている」ということです。

彼らを十年もの間苦行させたのは誰だったのでしょうか。法でしょうか。真理でしょうか。道でしょうか。師匠でしょうか。

そうではありません。彼らをそのように苦行させたのは、まさに彼らの考えでした。

あの方々が十年以上かけて苦行をして得たもの、それは大したことではなかったのです。「苦行をしなければならない」という考えを自分で作り、そこに閉じこもって十年以上を過ごしたのです。

このように、考えというのはまったく恐ろしいものなのです。考え一つによって数百万人、数千万人が死ぬことにもなりますし、数百万人、数千万人を生かすことにもなります。また自分自身を何十年もの間、苦行に陥れることにもなりますし、私の一つの知恵深い考えによって完全に解脱することもできるのです。

私が私の考え、私自身を見ることにそれほど時間がかかるわけではありません。幸福になるために、そもそも時間は必要ないのと同じです。幸福になるために仕事をしてお金を稼いでいると皆さんは思っていますが、果たしてそうでしょうか。お金を儲けたからといって幸福になるわけではありませんし、仕事が成就したからといって幸福になるわけでもありません。それらを得るために、逆にたくさんのものを失うことになります。

それだけのことを得るために私たちは生まれ、今このように過ごしているのでしょうか。いいえ、そうではありません。私たちは一刻も早く夢から目を覚ますためにここにいるのです。よく考えてみてください。十年以上、自分の考えに陥って苦行したということがどれほど呆れ返った話でしょうか。彼らが十年以上の苦行を経て得たものは宇宙だったでしょうか、世の中だったでしょうか。いいえ、何も得ていないのです。

何も得ていないものの、変わったことが一つだけありました。それは彼らの考えです。その考えが変わったことによって彼らの心が安定したのです。

苦行をした聖人たちも、自分自身を見るということに対してはきちんとできなかったのです。すべてのことは自分の内部で成されるとは思わず、どこか外からやってくると思っていたのです。私がもっと宇宙のエネルギーを得るべきだ、神が私に降臨するべきだ、そのような考えを持っていたのです。そして彼らは、そのことに根気を持って集中したのです。普通の人は一日するのも大変な苦行を、十年以上もしたのです。文字通り横になって眠らずに、ずっと座り続けたのです。

その人たちの心情は、当然私も理解できます。私も悟りを得たら世の中が変わって見えると思っていました。山が水に見えるなど、何か変わって見えると思っていたのですが、悟ってみたらそうではなかったのです。山が高くなったり低くなったり、水が上に上がっていったり、そのように自分の外側が変わることはありませんでした。

すべてのことは結局、私の心の問題ですし、私の心にかかっていました。すべてのことは私の心の中で成されることであり、私が変わるということであって、山、水、宇宙、天地が変わるということではありませんでした。

禅には公案というものが数百個もあります。「これはどういう意味だろうか」とお坊さまたちはそれを一生懸命に勉強します。私はその人たちの文章を見たら心情や状態が感じ取れますから、もちろん意味はわかります。ただ、それはその人たちの心情を私が汲み取っているということです。その公案の中に真理があるのではないのです。苦行して何かわかると思っていたものの、すべては自分の心の問題だったとわかったときの心情を込めたものが公案であって、公案に真理はありません。

「悟りとは何ですか？」と弟子に聞かれた禅師は「悟りとはこういうものだ」と答えたのではなく、その門の前にあった松を見て「庭の松だ」と答えました。その禅師の目に入ったのが松だったからです。それを聞いた人たちが「あの方が言われたのだから」と言って「庭の松の木」というものがまた公案になり、ずっと残っています。どれほど笑えることでしょうか。

弟子が何を聞こうが、それとは関係なく禅師の目の前には松の木が見えたものですから「庭に松の木がある」と言ったのです。そこに野良犬がやってきていたら「野良犬がいる」と言っていたでしょう。

禅師は何を言いたいのでしょうか。それは「自分は抜け出した」ということが言いたかったのです。考えの遊びや設定に陥ったりするのではなく、そういったものから卒業して、目の前に見えるものや自然を見ながら平安でいるのです。考えに陥らず、考えの遊びをしているのではないという心情をその言葉で表したのです。

かつてお釈迦さまのところへきて、お釈迦さまの悪口をたくさん言った人がいました。お釈迦さまであっても、自分の目の前で悪口を言われているのですから気分が良いわけはありません。普通の人だったら「お前たち、何をしているのだ。こいつを外へ追い出せ」と言ったはずですが、お釈迦さまはこのようにおっしゃいました。「私はあなたからの贈り物は受け取れませんから、あなたがそのまま持って帰ってください」

たとえば、お客さまが丁寧に贈り物を持ってきたとしましょう。その贈り物を相手に渡そうとしても相手がその贈り物を受け取らないとすれば、その贈り物はどこに行くことになるでしょうか。この贈り物は誰のものでしょうか。当然、贈り主のもとに返ることになります。この話は「自分の考えから卒業した」ということです。「庭の松の木だ」「山は山で、水は水だ」、これらは皆、考えの遊びから卒業したということです。

十年以上も苦行した人たちは、考えに対する未練がありません。もう飽き飽きしているのです。しかし皆さんは、まだまだ未練を断ち切れません。「それは偽物だ」「虚空から生まれたものに過ぎない」とわかっていながらも、それを何度も掴んでしまうのです。

苦行した聖人たちには、初めからそのようなことは問題になりませんでした。食べて生きていくこと、健康、生死、そして自尊心さえ彼らには問題にはなりませんでした。ただただ悟りを得るために十年以上苦行したのです。そして得たことは、「ああ、結局は私の心なのだ」「一切唯心造なのだな」ということでした。

皆さんは彼らと何の違いがあるのでしょうか。彼らは苦行を始める前にそういったものをすべて捨てました。皆さんがいつも影響を受け、執着しているそういったものを、苦行を始める前に彼らは捨てていたのです。

精神的に弱い人には三つの特徴があります。

一つ目の特徴はいつも他人のせいにして、外側のせいにします。たとえば良い家に生まれなかったからと家柄のせいにするのです。自分の精神が弱いのでこのように言い訳に使うのです。運命のせい、宿命のせいにします。

二つ目の特徴は自己分析をしないことです。これは絶対に自分自身を見ないということです。自分自身を見ないで他人を見て、外側を見ています。

三つ目の特徴は集中しない、根気不足、怠け者だということです。

大金持ちの最高の身分として生まれ、そのすべてを手放して十数年苦行したお釈迦さまが得た高貴な大事な悟りを、現代では苦労することなく知ることができます。しかし、皆さんは取るに足りないものにまだまだ振り回されて、揺れています。これは精神が弱いということです。このことを反省しなければいけません。そうしてこそ人は進歩するのです。

健康に対する感謝は最も貴重であり、自覚の核心

私たちは永遠に生きることはできません。いつかわかりませんが、必ず死が訪れます。身体のどこかが痛いということが、どれほど貴重な経験でしょうか。身体のどこかが痛いとき、そのとき初めて「健康であることはありがたかった」という自覚が訪れるからです。誰でも身体のどこかが悪かった経験があると思います。そのとき、健康のありがたさに対する自覚が必ず起こっていたはずです。しかし、そのような尊い経験を忘れ、今このように健康で、生きて息をすることができ、食べるものを思う通りに食べることができるのに、なぜ健康であることに対する感謝がないのでしょうか。

皆さんは何を悟るべきでしょうか。何を悟らなければいけないのでしょうか。「今、無気力で倦怠感に満ち、生きるのが面倒くさい」と感じるのであれば、以前の健康がどれほどありがたいことだったか自覚しなければいけません。このような感情を感じていなくても、健康であることに対する感謝が基本になければいけません。健康であるからこそ「面倒くさい」「飽き飽きした」「無気力だ」「倦怠感に満ちている」と言うことができるのです。そのよう

な考えに負けずに、健康であることに対して感謝することは、最も貴重であり、自覚の核心です。それが最も基本的でありながら最も重要であり、この勉強のキーポイントです。

瞑想をしたり、哲学的に考えたり、おかしな宇宙的な体験をするのは勉強のポイントではありません。それは抽象的なことであり、考えに過ぎません。そのようなものは、何か私に苦痛がやってきたときには消えてしまうような、実践的ではないものです。考えと戦い、自分を克服していく過程においては、自分が実践してみることが最も大事です。

つい最近まで、コロナウイルスのワクチンを開発すると大騒ぎしていましたが、本当のワクチンとは自覚です。常日頃、自覚を一生懸命する人は免疫力を持つことになります。ワクチンの役割をすることになるのです。ですから病気が侵入することもできません。現実的に私が何か困難を受けることになったとしても、それを確実に乗り越えていくことができるという精神的な免疫力を持つことになるのです。つまり、自覚をすればするほど、私が自らでワクチンを開発することになるのです。精神的であり、肉体的なワクチンを私自身が開発するということです。私の身体を最もよく知るのは私自身です。私の身体に直接的に影響を与えるのも、結局は私自身です。

外部から投与するワクチンは私に合わないかもしれませんし、副作用があるかもしれません。しかし、自覚をすることで、私が自らで免疫力を高めることができるのです。自覚がワクチンの役割をする人は、どのような肉体的な苦痛や精神的な苦しさがやってきても、それを必ず乗り越えていくことができます。自覚によって精神的、肉体的な免疫力を持つことになるのです。そうなるためには、今の私に対して感謝を感じ取ることです。

私自身に感謝して、満足するという自覚――それが、私自らが開発することのできる最高のワクチンになります。私自身を完璧な免疫体として作り変えるのです。ワクチンというのは研究開発でできる薬のことではなく、おまじないの札でもなく、神秘的な薬品でもありません。

すべての人が公平に能力を持っています。それは道人《どうじん》、仙人、イエスさま、お釈迦さまだけが持っている能力ではありません。特別な能力ではないのです。彼らは自らが作り出した完璧なワクチンを持っているのです。悟った人というのは、完璧なワクチンを開発して持っている人たちです。

もどかしいという思いは、何か事がうまくいく、うまくいかないにかかっているのではありません。「誰が私をもどかしくしているのでしょうか。誰が私を不便にさせているのでしょうか」と問いかけてみてください。結局は私の考えなのです。あれこれと私の考えが私を不便にさせています。

結局、私は考えの奴隷になっているのであり、考えに閉じ込められているのです。私が不自由さを感じるのは、肉体のどこかが不自由だと感じているというよりは、私が考えの中に閉じ込められているから不自由を感じるのです。「肉体的な不自由もあるし、私が監獄に閉じ込められていたら不自由を感じるのではないですか？」と言う人がいるかもしれませんが、この肉体的な不自由は不自由ではないのです。

正心正覚は世の中で最も偉大な能力

ある弟子がお釈迦さまに尋ねました。「世尊よ、世の中で最も偉大な能力は何であり、どのような神通がありますか？」。お釈迦さまは即答なさいました。「それはまさしく正心正覚《せいしんしょうがく》だ。私はこれを神通の中の神通であり、能力の中の能力であり、法力の中の法力だと言おう」

では、世の中で最も偉大な能力、世の中で最も偉大な神通であり、最も偉大な法力である正心正覚とは何を指しているのでしょうか。「すべては私の心持ちにかかっていることを認めて、ひたすら自分だけを見ることが最も正しい勉強だ」ということです。
あまりにも当たり前ですが、最も労力のいることが私自身を眺めることです。そして、すべては私の心にかかっていることを認めることです。たやすく見えても、最も難しいことです。それで正心正覚は世の中で最も偉大な能力であり、神通であり、法力となったのです。

けれども、私はできます。
私ができることです。
私だけができることです。
私だからこそ可能なことです。
私は今、この世で最も偉大な真理と能力と神通と法力とともにいるのです。

真理を話しても自覚はしていないオウム

人の言葉を真似る鳥がいます。オウムです。「こんにちは」と言えば「こんにちは」、「ありがとうございます」と言えば「ありがとうございます」と真似をします。しかしオウムは挨拶を知らず、ありがたさが何であるかわかりもしません。ただ言葉だけを真似ているに過ぎません。

このようなオウムに真理を言葉で教えれば真理を話すはずです。道《どう》を語れば道《どう》をしゃべるでしょうし、法を話せば法を言うことでしょう。オウムに自覚を語ればオウムは自覚を話します。けれどもオウムは決して自覚をしたのではありません。ただ自覚という言葉を真似したに過ぎません。

自覚とは何でしょうか。自分の考えを見ることです。

私が起こした考えを私が見ることが最も基本的な自覚です。自覚は私の考えを私がまず見ることです。私の考えを見ることのできない人は、自分自身を見ることのできない人です。自分の考えを見ることができず、自分自身を見ることのできない人は、精神的に目が見えないのと同じことです。

前を見ることのできない盲目の人は、いろいろ障害が多いと思います。障害物を避けて行くことができないので障害物といつも向き合い、ぶつかることになります。

同じように、自覚をしない精神的に盲目の人たちはいつも外部からの影響を受けて、それを相手のせいにします。自覚をしない精神的に盲目の人は、真理と道と法という自分が頼れるものを作り、それに安住しようとします。自覚をしない精神的に盲目の人は、いつも光と明るさを探して迷うようになります。彼らは自覚という言葉だけを真似るオウムに過ぎないのです。

第四章　〝私〟への目覚めを究める ――自覚の精進

自覚の修行におけるただ一つの理論が〝一切唯心造〟

肉体を維持させるためにはいつも呼吸をして、飲んだり食べたりしながら生きなければなりません。肉体に留まっている以上、つまりこの世の中で生きている限り、私たちはこのように心と身体に持続的な関心を傾けなければなりません。

身体をなおざりにして身体に対する自覚を怠ると、身体に病気が生まれます。心をなおざりにして心に対する自覚を怠ると、心に煩悩が生まれるのです。これは誰に対しても例外なく適用される法則であり、世の中の摂理です。ですから、イエスさまやお釈迦さまはおろか、たとえ神さまであっても、肉体を持って世の中に降り立つとしたら、この摂理に逆らうことができず、世の中の法則が適用されるのです。

私が肉体を持って生きているこの世がすべてではありません。しかし、私が肉体を持って生きていく間は、この世の摂理から逃れられないのです。生前のお釈迦さまとイエスさまは当然ですが、病気になったこともしばしばあり、人知れず煩悶《はんもん》したことも多かったのです。

しかし、彼らは肉体の病気と心の煩悶を過ちだと思いはしませんでした。彼らは自分の身体と心をなおざりにしたから肉体の病気と心の煩悶が起きるということを、誰よりもよく知っていたからです。そうしたことが起きること自体を自然な摂理として認め、受け入れたのです。その都度、自分に鞭打って自覚の旗をさらに高く掲げたのです。

世の中から身を引き、自分の身体と心の世話をしながら、肉体を持ったままで数百、数千年を生きる道士や仙人たちが存在します。しかし、イエスさまやお釈迦さまは、他のどんな仙人たちよりも偉大な生涯を生きました。たとえ道士や仙人のように自分のことをいたわって長生きはしなくとも、彼らは他人を世話しながら世の中とともに歩んだからです。

彼らは関わった人々のために自分の身体の世話ができなかったことも多く、人々のために煩悶せざるを得ませんでした。他人のために自分を犠牲にできる自己犠牲の精神が彼らにはあり、他人の成長のために、自分に与えられた涅槃の喜びも保留できるだけの崇高な精神があったのです。

学問において理論と実技があるように、心の修行においても理論と実技があります。学問においてはその分野によって数えきれない理論がありますが、心の修行、自覚の修行において理論はただ一つです。「すべてが私の心持ちにかかっている」という〝一切唯心造〟だけです。したがって、ひたすらこの一つの理論だけを実践して、実習して、実行する、それがすべてなのです。すべては一つに帰結されるという〝万法帰一《ばんぽうきいつ》〟という言葉がありますが、その通りです。無数の法則はすべて私の心から始まったものであり、その無数の理論がすべて私の一つの考えなのです。

たくさんの修行法があります。縁起の法こそが正しい、無境界になる、真我を求め無我を会得する、注視をしなければいけない、観察者になる等々。これらの言葉はすべて自分の一つの思い、一つの考えを自覚できなかったために作られた、虚しい概念と理論を追いかけているのです。自分が論理と概念を作っているのを自覚できずに、そうした論理と概念が与える理解に溺れ、これを知るべきだ、あれを悟るべきだ、それをわかるべきだと力説しています。

たとえば縁起の法の悟り、無境界の悟り、真我と無我の悟り、観察者の観点、そういった知識や知見が果たして私に何をもたらしてくれるでしょうか。それらの知識や知見がある前の私はどうだったでしょうか。また、今それをわかって理解した私にはどんな変化があるでしょうか。誰がそうした知識や知見がないことを不満足に思い、誰がそうした知識や知見を得たと満足しているでしょうか。私の満足と不満足は誰がもたらしてくれるでしょうか。知識と知見でしょうか。それとも私の心でしょうか。

すべての根幹になる私の心をおろそかにしたまま、自分自身の判断と評価によって自らを規定し、そう規定された私から脱皮しようとあがく愚かな人々——彼らにわかって理解できた何かがあったとしても、その知識と理解に何の意味があり、何の役に立つことでしょうか。私の身体が痛いときに鎮痛剤の役割も果たせず、私の心が苦しいときに慰めの一つにもなれない、知識と理論が作り出したそういった悟りや教えなどは、大空に流れゆく浮雲と何が違うでしょうか。

私の心を自覚します。
私の考えを自覚します。
すべてが私の心と私の考えにかかっていることを自覚します。

理論はただこれ一つだけで十分であり、私にはただ一つの理論に対する実践があるのみです。すべての二元性と相対性が消える私の中の神さまに会う機会は、ただひたすら、この理論に対する不断の実践と実行の道を通してのみ与えられるものだということを、深く肝に銘じるべきです。

「何が大事か？」をすぐに忘却してしまう愚かさ

健康は人生において大切です。ですから、人生における幸福の尺度は健康が第一位だと感じる知恵を発揮するべきです。そうしたとき、人生の価値観は今よりはるかに健全で合理的に変わります。すなわち物質万能主義の愚昧《ぐまい》な生き方から脱皮して、より余裕のある平安な生活を営むことができるのです。

人生において健康の順位が一番目なら、自覚は人生において零《ぜろ》番目の順位です。言い換えれば自覚、悟り、意識の成長のために人生は存在するということです。「今日一日、道を果たせるなら、今日死んでも思い残すことはない」という昔の聖者の金言が物語っているように、生において最も価値あることは悟ること、すなわち自覚することです。

身体の具合が悪くなれば健康の大切さがわかります。生きているときに死を経験した人、つまりあの世について知っている人は、人生において意識の成長、悟り、自覚がどれほど大切なのか身に染みて知っています。

生の観点からすると、死とは終わりを表します。いくら生きているときに帝王・宰相、富貴栄華、権力・名誉を持った人生を享受したとしても、死んだらそれまでです。死の前で生は虚しい限りです。まさに一場《いちじょう》の春夢《しゅんむ》（つかのまの夢）という言葉以外に表現する方法がないほどに、虚しい出来事が死ということです。

ところが、虚しさは死んでも終わりません。死んで世の中のことをすべて忘れることができるのなら、むしろ気楽でしょう。生きている間に肉体と物質の奴隷になって浮雲のように生きた人生は、死を迎えたところで終わることはなく、また再び第二幕の浮雲人生が始まるのです。生きている間の喜怒哀楽をそのまま持っていくからです。

生前に持っていた物が多くても、不平不満、不足感だらけの心の貧しい人たちは、逝っても不幸が続きます。生前に持っている物はなくても、感謝や満足をしていた心の豊かな人たちは逝っても幸せです。このような部類の人は、あの世ではめったに見られません。

この世で多くの物を持っている人々を羨ましがって憧れ、幸せな人々だと考え、相対的に少なく持った人々は不幸だと考えます。その基準は物質に対する所有です。しかし、たくさん持っているからといって幸せというわけでは決してありません。

私たちはたくさん持っているのに不幸な人々をたくさん見てきました。韓国では元大統領の自殺、財閥の自殺、大財閥の娘の自殺、トップスターの自殺があります。彼らは果たして幸せに死んだのでしょうか。幸せの基準は物質がすべてではないという事実を、彼らが証明してくれています。

私の心が幸せだと感じなければ、それは不幸なのです。世の中は不公平なことばかりではありません。物質には多い、少ないがあり、持てる者と持たざる者との差別がありますが、心にはいかなる差別も存在しないのです。ひたすら自分の心持ちにかかっているのです。ですから、幸せは私の心持ちにかかっているのであり、私の心の主体は物質ではなく、まさに私自身です。そういった意味で、世の中は公平だと言えるのです。

完全な悟りが起きれば、過去世の自我が一つに統合する

人間には進化するための周期があります。もちろん人によって差異はありますが、一般的な人の輪廻回数は二万回から三万回ほどです。はるか昔の時代には六十年くらいから始まって、ほとんどは百年から百五十年周期で輪廻を重ねました。そしてそのような輪廻の記憶は、霊魂においては無意識の領域に、肉体においては遺伝子にすべてが記録されているのです。ただの一生も漏れることなく、すべてが記録されています。

現在の私の霊魂と肉体は、過去のすべての人生の集合体です。ですから今、私の中には二万から三万の自我が一緒に住んでいるのです。これは人間が非常に気まぐれであることの原因になっています。人は現在の私が最も大きな主権を行使していると考えていますが、まったくそうではないのです。今の自我は二万、三万分の一に過ぎません。ただひとえに今ここで自覚が起こるときに、現在の私の主権の比率が増えるのです。

痛烈な自覚を通して私に対する完全な悟りが起きれば、現在の私が百パーセントすべての主権を回復するのです。そのときになって初めて、二万、三万の自我たちが現在の私という

一人に統合されるのです。

ここで理解を助けるために、あの世になぜ高層ビルがないのか理由を説明します。現在私たちが生きているこの時代は高層ビルがたくさんあります。しかし、このような高層ビルを経験するようになったのは、わずか五十年余りです。

過去の私の自我たちは、決してこのような高層ビルを経験していません。ですから肉体を離れてあの世で居住するとき、今までの数多くの私の自我たちが経験した住居のように、ほとんどが平屋建てということになります。過去世の自我たちが慣れた環境は昔の建物だということです。それであの世にはただの一つも高層ビルが存在しないのです。

この世での愛のために愛を守りながら、あの世にまで愛を持っていくために同時に死を選んだ二つの霊魂ロミオとジュリエット。彼らでさえ、あの世に行ったら「どなたでしたっけ!?」となる理由がここにあります。強烈な愛を渇望した私でさえも二万、三万分の一の自我に過ぎないからです。

自覚、悟りを通して遺伝子の限界を克服する

この世とあの世は地政学的な面でほぼ重なっています。ほとんどの人は生前、この世がすべてだと認識しているので、空間的にもこの世に基盤を置いているからです。

たとえば、ここに無数の多種多様な風船があるとします。形も色もおのおの違います。ある風船は細長い形をしていて、ある風船はツイストドーナツのように形がねじれています。大きな風船があれば小さな風船もあります。しかし、これら風船には一つの共通点がありまず。それは空に飛んでいけないということです。理由は、すべての風船が地上に固定された紐に縛られているからです。それで風船たちは空に飛んでいくことができず、地上でフワフワと浮いています。

これがまさに現在の肉体を脱ぎ捨てた霊魂たちの姿であり、あの世の領域が地上と重なっている理由です。すなわち、生前に物質世界の催眠と暗示にかかり、物質は永遠に固定された実体だと考え、現在の肉体的な姿が自分の真なる正体性だと錯覚することによって、肉体を離れても物質的な意識圏を抜け出せなかった大多数の霊魂の姿であり、状態です。

彼らは肉体から離れても、肉体から自由ではいられません。したがって、物質世界から離れても、物質世界の衣食住に相変わらずこだわるのです。その物質に対する執着が、まさに風船を地上世界に固定させる紐になってしまったのです。自分自らで縛りつけ、自らで閉じ込められたのです。ですから、空に上がっていける風船という霊魂になっても、地上世界の物質意識圏から抜け出せずにいます。

これが現在、人類の大多数の霊魂が形成している冥土世界の実態です。皆さんが現在の客観的な視点から、彼らの肉体のない冥土生活を映画を見るように観覧したら、イエスさまのこのお言葉が思い出されることでしょう。「彼らは今何をしているのか、自分でわからないのです」

最近のコロナ治療薬およびさまざまな幹細胞治療は、遺伝子の塩基配列解析を通じて行われていることを、私たちは現代の科学を通して知っています。人間の遺伝子には肉体構成のすべての情報が込められています。肉体の成長進行過程および疾病の発生原因などを、遺伝子解析を通じて事前に知ることもできます。おそらく近い将来、すべての病気は遺伝子工学の進歩によって克服されるかもしれません。人間の寿命も、ある限界までは人為的な調整で延ばすことができるでしょう。

遺伝子には肉体の情報だけではなく、性格や感情の傾向など、多分に精神的な側面まで記録されています。さらには思考のパターンや性向なども遺伝子に現れています。これは人間がいかに長い歳月の間、物質的な惰性に溺れていたかを見せてくれる生化学的根拠です。

それで普通の人たちは物質の意識圏を抜け出ることがとても大変で、勉強する人たちもそのような理由からこの勉強をするのに障害が多く、妨害が多いのです。時には平凡な人間を諦めなければならない、肉体的な苦行と精神的な限界の挑戦を必要とします。なぜかというと、人間の遺伝子情報を超えなければいけないからです。

誰かが私に侮辱を与えると腹が立ちます。遺伝子の反応です。

誰かが私の自尊心を苛立たせれば爆発します。遺伝子の反応です。

誰かが私を無視すると恥辱を感じます。遺伝子の反応です。

誰かが私の悪口を言うと復讐心が燃え上がります。遺伝子の反応です。

それはすべて人間の遺伝子に記録された反応です。

皆さんは人間を超えなければなりません。

人間の遺伝子を超えなければなりません。
自覚を通して、悟りを通して、この遺伝子の限界を克服しなければいけないのです。

自分自身を剥がし、完全に丸裸にする〝霊魂はたき〟

人間のエゴ、すなわち自我は、しばしばタマネギに例えられました。存在している最後のその瞬間までは堅固に見えても、最後の一皮が消えてまったく違う次元である〝無〟になっていくタマネギは、人間の自我の構成形態とあまりにも似ているからです。

一つ違う点があるとしたら、タマネギの皮を剥くのはたやすいですが、人間のエゴは剥くのが大変です。実体がないことはよくよくわかっているのに、剥くことが並大抵の大変さではないのです。存在の特性上、消えることを拒否するためです。エゴは変化を恐れ、自分の状態を守ろうと努力します。

このようにタマネギとエゴは、存在の形態と構成、原理は同じだとしても、〝剥く〟という作業においては天と地ほどの違いがあります。それで人間の自我という皮、すなわちエゴを剥く作業に、私は〝霊魂はたき〟という名前を付けました。霊魂をバサバサと払い落とさなければならないからです。霊魂はたきは自分自身を剥がし、完全に丸裸にすることです。

先に、私に対する考察、省察、洞察、自覚のお話をしましたが、そのためには私自身についての徹底的な分析が伴います。霊魂はたきは私自身に対する残忍な分析です。考察、省察、洞察、自覚を通して私を剥がし取るのです。もちろんたやすいことではありませんし、他人がすることもできません。私を赤裸々に剥がし取ること、私の霊魂がバサバサとはたかれること、これほど辛いことがどこにあるでしょうか。

しかし、剥がれるときの痛みと苦痛はしばしの間であって、剥がし取れば取るほど私は軽くなって自由になり、結局私は私の真正なる正体性、無になります。無は〝なし〟ではありません。皮が消えただけです。皮は決して無の状態をわかることができません。推量して、推測して、想像はしますが、どうして皮が自分の消えた状態をわかることができるでしょうか。皮が消えることで、皮が私だと理解していた私の錯覚、私の無知、私の幻想もともに消えます。皮が消えた私はまったく違う次元の知恵と自由の存在として生まれ変わるのです。

霊魂はたきは、勉強において最も実存的で実践的な方法です。また、最も残忍な方法でもあります。しかし、たとえ霊魂はたきで寒さが骨身に染みたとしても、後日、鼻に心地いい梅の香りを得ることができるのです。

自覚することで見えてくるものには、次のようなものがあります。

私の考え
私の錯覚
私の分別
私の妄想
私の幻想
私の誤解
私の欲心
私の我執
私の固執
私の執着
私の無知
私の不覚、などです。

私がこの世で作られたとしたら、作られた私はどこからきたのでしょうか。作っている私がいるから、作られた私がいるのです。ですから、作られた私だけが私ではないのです。作り出す私も私だということです。

私たちの本当のアイデンティティは、すべてのことをあるようにする、そのような創造性そのものです。それはある形態ではありませんし、ある存在でもありません。その存在、形態をも作り出すことができる、そのような無形な創造性が私の真実の姿なのです。

このことは、すぐには理解できないかもしれません。しかし、私が私にずっと関心を持っていれば、「自分自身が誰なのか」をわかろうとするエネルギーによって、わかろうとする意志によって、すべてのことに対する回答を得ることができるようになります。私自身に対する回答を得るようになるのです。

結局は私自身に対して、その偉大性を発見して、私自身がどれほど偉大なのかという知恵と力を得るようになるのです。そして、すべてのことは自主・独立の精神で私が解決しなければならないのです。

永遠であってほしいという願いから執着が生まれる

ソギャル・リンポチェ（『チベットの生と死の書』の著者）についてお話ししようと思います。

彼がチベットで生まれて、カム地方にある師匠の寺院に入って生活を始めたのは、生後六ヶ月の頃からだったそうです。チベットには遷化《せんげ》した偉大な師匠の生まれ変わりを探す独特の伝統があります。たとえばダライ・ラマやパンチェン・ラマなどです。転生したことが確認された子供は、将来の師匠になるための特別な教育を受けるようになります。彼の師匠は、彼のことをチベットの有名な秘教伝承者でダライ・ラマ十三世（現在のダライ・ラマは十四世）の師匠だった方の生まれ変わりだと認めて、「ソギャル」と名付けました。

私が時折この方の文章を紹介するのは、この方を含むほとんどのリンポチェの化身たちは、幼い頃からいわゆる悟りについての英才教育を受けているからです。

特殊な瞑想テクニックによって彼らは前世の記憶や能力をほぼ回復しますが、だからといって、そのようなことはこの人生で悟るということにおいて決定的な原因にはならないのです。そのようなことが彼らを自由にさせてはくれないのです。やはり何かに頼っての自由はあり得ません。頼るということ自体、すなわち拘束になるからです。列子《れっし》（中国・戦国時代の思想家）が「私は風に頼って世の中を周遊する」と言うと、荘子《そうし》（中国・戦国時代の思想家）は「私は何にも頼らない。頼っていること自体が自由ではないからだ」と語ったのも、そのような悟りの本質である〝自由〟について、あらためて強調しているのです。

チベットの師匠たちは、そうやって自由な雰囲気で、真の自由を自由意志で目覚めさせ、自由な存在として再び誕生させます。すなわちその悟りの伝授方法には垢が付いておらず、華美ではなく純粋な方法に従っているのです。

執着は、私たちのすべての問題の根源です。どのようなことでも永遠ではないという事実は、とても苦痛なことです。永遠であってほしいという願いから、何かに必死に執着するのです。すべてのことは変わるものなのに、私たちは手放すことを怖がります。人生を学ぶというのは、すなわち手放すことを学ぶことです。

私たちは生きること自体を恐れているのかもしれません。それは絶えず何かに執着しようとする、私たちのもがきから始まった悲劇であり、アイロニーです。何かを永遠に捕まえておくこともできないばかりか、そのような執着は、あれほどまでに避けたがっていた苦痛を引き起こしもします。執着の裏側に敷かれた「幸せになりたい」という意図は、それ自体必ずしも悪いものではありません。しかし、私たちが執着しようと苦心している幸せというものは、本来掴めないのです。

チベットの人たちはこう言います。

「絶え間なく流れる川の水で同じ手を二度洗うことはできない」

そしてソギャル・リンポチェは次のようにおっしゃいました。

「一握りの砂をいくら絞っても油を得ることはできないだろう」

肉体、そして霊魂から抜け出ることで私の本質が現れる

幽体離脱をしたと仮定してみましょう。今はできなくても、死を迎えると霊魂は肉体から抜けることになっているので、幽体離脱を経験することになります。では、前もって生きているときに幽体離脱を経験するとどうなるでしょうか。死を迎えると肉体から霊魂が抜け出

るということは、生きているときでも霊魂は肉体から抜け出ることができるのです。抜け出た私は何を感じることになるでしょうか。「ああ、これが肉体なのだな。肉体が私だと考えてきたけれど、この肉体という私から抜け出ることができるのだな」

皆さんはなぜ幽体離脱をして肉体を抜け出て、次の段階に行かないのでしょうか。それはひとえに、次の段階に行こうとしないからです。ですから、自分を捨てるという練習を続けなければいけません。

幽体離脱をして肉体を抜け出た私は、肉体を見ることになっています。誰もがいつかは肉体を見ることになっています。なぜなら、死は必ず訪れるからです。そして、「肉体的な私が本当の私ではない」ということがわかるようになっています。これが大事なことなのです。死ぬときには、必ずこれを経験します。しかし、瞬間的に経験するものの、また忘れることになっています。なぜなら、また霊魂として生き続けるからです。

では、最初に思うのは何でしょうか。「肉体を抜け出るのだ！　私が肉体から抜けて、自分の肉体を見てみよう！」です。では、それができたとき、どのような自覚が起こるでしょうか。「この肉体は私ではないのだな」「私がこの肉体の中に入ることもできるけれど、出ることもできるのだな」。この経験がまだできていないとしても、この真実は認めなければいけません。

この真実を否定することは、この世の中で最も愚かなことです。「私は永遠に死なない」と言っているのと同じことです。皆さんは「抜け出よう」「抜け出たくない」どのように思っていても、死を迎えたら誰もが必ず抜け出ることになっているのです。この一段階だけでも真実を認めて受け入れると、とてつもない自覚が起こります。この肉体というものが何でもないということがわかるからです。

肉体から霊魂が抜け出ると、霊魂が肉体を眺めることになります。それで「肉体というものがあり、それとは別に霊魂というものがあるのだな」と気づくようになります。そして、私が霊魂を感じてみようと思えば感じ取ることができるのです。肉体の外ではありますが、私が存在している個体性というものを感じ取ることができます。そうすれば「ああ、この霊魂というものが本質らしい」というように感じられるでしょう。

その次はどういう段階になるかというと、この霊魂がなくなります。個体性というものが消えてしまい、存在というものが感じ取れません。「私は〇〇だ」というものが消えてしまうのです。それでも意識ははっきりとあります。それはある個体性から出てくる意識ではないのです。これは真実ではなく、事実です。

私は肉体ではなく、肉体を抜け出た霊魂でもないということです。肉体がなくなり霊魂がなくなっても、それでも私は存在しているということです。これは仮定ではありません。事実がそうなのです。ここまでのことを、皆さんは必ず経験することになっているのです。

そのとき、考えはどこからやってくるのでしょうか。実は、考えがなくなるのです。今感じ取っている考え、そのようなものはありません。考えのない意識というものがあるのです。考えるからこそ私は存在していて、私の考えが私の存在を作り出すのですが、私の考えがなくなれば存在がある必要はないのです。

これが私たちの全体性であり、正体性です。この状態こそが私たちの自然な状態です。ですから、霊魂や肉体はしばしの間、閉じ込められた不自由さを経験しているのであって、私たちの本来の姿ではないのです。

自由を得ようとするとき、最も問題になるのは何でしょうか。自由を感じ取れないのはなぜでしょうか。自由というのはある境地ではありません。「自分が閉じ込められている」、それがなくなれば、まさに自由です。「こういうものが自由だ」という考えの設定自体が自分のこだわりであり、自分が設定した考えに過ぎないのに、それに合わせることが自由だと勘違いしているのです。「なぜ、考えなしに生きることができますか」という考え、そのような考えを手放そうということです。

考えを伴って生きることは不自由なことです。今、果敢にその不自由さを捨てていかなければいけません。今、存在していて「私は〇〇だ」というものから出てくるストレスや悩みがあります。女性だ、母親だ、会社の役員だ、経営者だ……そういったものは本当に不自由な状態です。正常ではない状態です。なぜ、そのような正常ではないものが存在しているのでしょうか。私が作り出して、私がそれを掴んでいるからです。皆さんが果敢にそれを捨てようとすれば、あっという間に消え去ります。なぜなら、それは皆さんが考え出したものだからです。あっという間に夢から覚めるようにそれが消えていき、自由を味わえるようになるのです。

肉体があるときには「この肉体は私だ、私のものだ」と主張します。周囲の人たちが死ぬように、最後には私にも死が訪れます。ですから、私を捨てる修練を進める上で、私が死の犠牲になる前に、能動的に私から死んでみましょう。皆さんはいつも死の犠牲になってきましたが、今回は死に対して先手を打ってみようということです。私を捨てるということは死ぬということです。それは、私のこだわりを捨てることであり、私の設定を捨てることです。

皆さんは「考えなしに生きるなんて、どうやって生きるのですか」と言います。しかし、もともとは考えがないのが正常なのです。最初のボタンを間違って留めたまま、ずれてしまっているということです。

私が死の犠牲になるのではなく、私が選択して、私が能動的に死を選んでみると考えてください。〝私を捨てる修練〟を一生懸命すると、誰もがそのような経験をすることになっています。

自分の臨界点を超えて悟りを得る

私の弟子たちに共通する問題点があります。それは、ある自分の限界を抜け出ることができないことです。臨界点を抜け出すことができないのです。

お釈迦さまは、弟子の一人である迦葉《かしょう》に後継者として法を伝授しましたが、そのときの有名な話があります。

お釈迦さまが蓮の花を掲げて、にっこり静かに微笑まれたときに、迦葉もうっすらと微笑を浮かべました。お釈迦さまの心と迦葉の心は通じ合ったのです。この話をもとに〝以心伝心〞という言葉が生まれました。

ここで、まだ知られていない一つの真実をお伝えしようと思います。お釈迦さまは迦葉が悟ることを期待してはいませんでした。迦葉は悟るには難しい、悟りがたい性格だったのです。迦葉は自分の設定に閉じこもっていて、自分を主張し続けるような、十大弟子の中に入れることもできないくらいの人でした。「修行というのはこうするべきで、勉強というのはこうするべきだ」と言い続ける人だったのです。「女性は絶対に受け入れてはいけない」と迦葉が言ったので、迦葉のためにお釈迦さまが一時期、女性の弟子を受け入れることができませんでした。そのように呆れ返るような自分の設定を持ち続けた人でした。

蓮の花は汚い沼で育ち、その中からきれいな花を咲かせます。お釈迦さまは迦葉に印可を与えたとき、なぜ蓮の花に例えたのでしょうか。それは、迦葉の悟っていく過程が蓮の花が咲いていく過程と同じだったからです。泥のような自分の設定、自分の主張の中にずっと留まっていて、どう考えても不可能に見えたのに、そこから抜け出せたのです。迦葉は自分の臨界点を超えたのです。「死んでもこれはダメです」と言っていたのに、その自分が死んだのです。ですから悟りを迎えることができました。「死んでもこれはダメです」と言っている自分が死ねば、できることなのです。

お釈迦さまは、迦葉を可能性のある存在としては見ていませんでしたが、ある日、迦葉は「死んでもダメです」と言っている自分を殺したのです。奇跡が起こったのです。お釈迦さまはそれを奇跡として見て、迦葉のその悟りの過程を蓮の花が咲く過程に例えたのです。

その後、迦葉はもう「死んでもダメです」という言葉は使いませんでしたが、相変わらずしたくないことはしようとしない性向でした。それを仏教の言葉で〝習気《じっけ》〟と言いますが、迦葉はまだまだ習気が残っていました。「死んでもできない」というのはなくなりましたが、やはりしたくないことはしなかったのです。

それで迦葉が仏教を受け継いでからは、仏教はある一方の道にだけ進むことになりました。お釈迦さまの法灯を受け継いだ迦葉を他の弟子たちは認めませんでした。そして皆、教団から出ていき、あちこちに派閥が作られていったのです。迦葉についていく少数の一派だけは残りましたが、それで何千年もの間、仏教は衰退するしかなかったのです。迦葉が、するのが嫌だと思うことをしなかったためです。

一方、お釈迦さまの甥に阿難《あなん》という者がいました。彼はお釈迦さまの講話を一番たくさん聞いて一番覚えていたのですが、お釈迦さまから「悟った」という言葉を聞くことはできませんでした。それで迦葉が法灯を受け継いだと聞き、迦葉のところに行って何かを学ぼうとしました。しかし迦葉は阿難が嫌いでした。それで迦葉は阿難を受け入れなかったのです。阿難は迦葉のところに行って頭を下げ、何かを学びたいと言ったのですが、迦葉はそれを受け入れませんでした。ただ、拒絶するのも申し訳ない気持ちになったので、あることを考えました。

祇園精舎の前に一つの洞窟があったのですが、その洞窟の入り口は大きな岩でふさがれていました。その洞窟の中には、お釈迦さまが「もうするな」とおっしゃったのに、ずっと座禅をし続けている迦葉の弟子たちがいました。迦葉の弟子たちはお釈迦さまの講話を聴かず、迦葉に従ってずっと修練をしていたのです。

そのように集中して一生懸命修行をしたことから、迦葉の弟子たちには超能力が生じました。実は迦葉は超能力者だったのです。お釈迦さまの弟子の目連《もくれん》よりも、秀でた超能力者でした。お釈迦さまの講話を聞いているとき以外は、ずっと修行をし続けていました。それでその当時、迦葉はお釈迦さま以上に能力を使い、能力を駆使していたのです。

それは何を意味しているかというと、迦葉は能力が高いのではなく、それくらい考えが偏っていたということです。そのため迦葉は、瞬間移動をいつでもすることができました。迦葉は洞窟をふさいでいる岩があったとしても岩を通り抜け、いつでも出入りすることができたのです。迦葉に付き従っている弟子たちも、いつも岩を突き抜けて洞窟に入ることができました。しかし、そのような特殊な修練をしていなかった阿難をはじめとした他の弟子たちは、その岩を通過することはできませんでした。

そこで迦葉は「お前たちには資格がないのだ。この岩を通過することができてこそ私と一緒に修練できる資格がある」と言ったのです。それで阿難をはじめとした他の弟子たちは、洞窟の中に入って迦葉の弟子たちと共に集まりをすることができませんでした。そのように相変わらず迦葉は偏っていたのです。

臨界点という幻想から抜け出す

達磨大師が現れたのは、お釈迦さまが亡くなってからどれくらい経っていたでしょうか。仏教は千年ほど無名のままでした。なぜなら、たとえば迦葉の講話を聞こうとしたら、洞窟をふさいでいる岩を通過しなければいけなかったからです。岩を通過すること、しないことに何の意味があったというのでしょうか。それと悟りと何の関係があるというのでしょうか。現代であればダイナマイトを爆発させれば岩を粉砕することができますが、その当時はダイナマイトがなく、岩を崩すことはできませんでした。

しかし、それは岩がある、ないではなく、迦葉のその偏った性質を表しているのです。そのせいでお釈迦さまの偉大な講話、偉大な教えは、千年もの間あまり知られることもなかったのです。そう考えると、人の持っている〝習気〟とはどれほど根深いものでしょうか。迦葉は「死んでもこれはできません」というところは捨てることができましたが、やはり相変わらずしたくないことはしなかったのです。

そうであるにもかかわらず、自分自身を殺すことのできた人は、迦葉しかいませんでした。これはまったくの皮肉です。あれほどまでに偉大なお釈迦さまの弟子も、自分の臨界点を超えることができたのは、そのような偏った性向を持っていた迦葉しかいませんでした。

では阿難はというと、まだまだ自分の臨界点を超えることができませんでした。阿難は「これが私の臨界点だ」と言っていた人でした。「これが私の限界だ、これが私の境界だ、私はここまでだ」、そのように相変わらず自分の線を決めた人でした。

そのような限界というもの、臨界点というものは、すべて自分が引いたものです。けれども人はそのような話をするとき、それを自分で作っておいて、作られたものに対する言い訳を世の中にします。「これは私の限界だ」と。限界を自分で作っておきながら、その言い訳を他の人、世の中のせいにします。それは卑怯なことです。そのうえ正当化します。「これが私の限界です。私はここまでです」。これらの言葉はすべて真実のように聞こえます。「臨界点を超えられない」というのは自分が作っているということを、もう一度肝に銘じて、洞察していかなければいけません。

それを自分で確認するために、かつて過激にも自分の腕まで切り落としてしまった人がいます。自分の臨界点を超えるため、命の替わりに自分の腕を切り落とした、達磨大師の弟子の慧可《えか》です。そのような弟子さえいたのに「これが私の限界です、これが私の臨界点です」と言い、すべて世の中のせいにするのです。限界や臨界点を誰かのために超えろと言っているのではありません。これは自分自身の問題なのです。

偉大な考えに閉じこもって、皆さんは悩んでいるのでしょうか。全人類を救うことができなくて胸が痛くて、そのように悩んでいるのでしょうか。そうではありません。惨めで塵のような非常に小さな考えに閉じ込められている自分を見ることになったら、恥ずかしくてどこかに行きたくなってしまうでしょう。「人類を救うぞ！」という遠大な悩みならまだしも、「来月のカード代、どうやって払おうかな」「あの人のあの行動が、本当に私のプライドを傷つける！」「昔のことを考えたら、いろんなことを思い出してしまう！」「あのときのことを思い出したら、今でもこんなに怒りが湧いてくるし、恥ずかしくなる！」――皆さんの悩みの九十九パーセントは、このようにちっぽけな考えです。自分が自分の考えを見ることができたら「私はこんなことのために悩んでいたのか」と、本当に顔が真っ赤になるでしょう。そのような小さなことで悩んでおきながら、臨界点を超えることが難しいと言っています。

自らが自分を正しく見て、悩んでいる私を見て、恥ずかしいと思わなければいけません。「自分は何をしているのだろう。こんな小さな考えに囚われて恥ずかしい！」と。そして、早く自分の持っている限界、自分の臨界点、そのような幻想から抜け出なければいけません。

不平不満と非難に足を置いているという自覚

世の中を生きる上で、私たちは多くの状況に直面します。私自身に対する不満、相手に対する不満、満足できない私の環境に対する不平、隣近所や家庭の不和、そして私が嫌いなすべてのものに非難を浴びせるまでに至ります。私には望まない現実があまりにもたくさん見えます。
そんなとき、まさに私自身がそのような不満と不平と非難の位置に自らで足を置いているという事実を認識するべきです。これは自分の選択なのです。すなわち私自らが、そのようなところに足を置いていることを自覚しなければならないのです。そこにいるのは他の人ではなく、私なのです。
私の足が今そこにしばらくの間、留まっているだけのことです。すなわち現在の私の心がそこに引っかかってこだわるために、囚われているということです。その人の性向と状況によって、そこに留まる時間は短くもなり、長くもなります。どんな原因があるにせよ、すべてのことは私次第なのです。

私は、私に与えられた状況を受け入れることもでき、
私は、私に与えられた状況を抜け出すこともでき、
私は、私に与えられた状況を放棄することもできます。

決して状況や環境に決定権があるのではなく、明らかに私に決定権があるのです。

今現在、私と私の周囲に不満を吐露している皆さん
今現在の状況に不平を言っている皆さん
今現在、他人に対し非難を浴びせている皆さん

私と私の周囲を見回してみてください。過去の不満と不平と非難の穴を掘って、長い年月にわたって穴の中に陥って、じたばたしている愚かな人がいます。今まさにそのようなところから歩みを一歩進め、自由な生を周遊する賢明な人がいます。

皆さんはどんな人を選択しますか？　これは他でもなく皆さんの選択にかかっています。皆さんの選択において、知恵を与えるものは何でしょうか。それはまさに自覚です。私はこの瞬間に、私の歩みをそこから外すことができるというのが事実であり、今の私にはそれができるということを自覚することです。「私がすべての状況や、すべてのことの主人である」ということを自覚するのであり、その決定権を持っているのは私であることを自覚するのです。併せて賢明な者は「実行するのは、まさに私である」ということを自覚するのです。

十牛図を通して私を知っていく過程を明らかにする

十牛図（悟りに至る十段階を描いた図）について話をしようと思います。私たちは何か教材を使って勉強したことはありません。私自身が最も立派な教材だからです。講話も私の中にあります。私自身が講話そのものです。ですから、自覚をする人にとっては仏教、仏典、何かの本を勉強するというのは無意味なのです。

けれども、まさに自覚をわかっている人たちには、十牛図は相応しい教材です。十牛図が見られるお寺もありますし、それに関する解説も漫画本もありますから、それを勉強している人はたくさんいます。けれども、十牛図を理解できるのは自覚をわかっている人だけです。自覚を知らない人、自覚をしない人にとっては何の意味もありません。なぜそうなのか、この教材をもとに話をしてみましょう。

P202～203の絵を見てください。

十牛図の最初の絵は〝尋牛《じんぎゅう》〟です。道人（修行者）が牛を探しています。しかし、なぜ豚ではなくて牛なのでしょうか。これには意味があります。

豚は食べてばかりいますが、牛は盲目的に仕事をします。つまり、牛が象徴しているのは私たちの人生です。生まれて、教育を受けて、学んで、会社に行って……そうやって私たちは仕事をしています。ある面で言えば、悩むことも仕事です。それで牛にたとえて表しています。

しかし、最初の絵は〝尋牛〟です。牛を探すということは、私自身を探すということです。私たちは牛のようにずっと盲目的に仕事ばかりをして、何の考えもなく生きています。「私とは何だろうか。私を一度探してみなければいけない。私は誰なのか」。そのような考えを初めて持って、初めて私を振り返ろうとするわけです。

このように、私自身について一度理解しなければいけません。それが十牛図の最初の絵です。自覚の勉強をする人にとっては、これは助けになる絵ですが、それ以外の人たちには何の意味もありません。

この第一段階で留まっている人もいますが、実はこの一枚目で、悟りへの道の半分を過ぎたようなものです。最初の発心が最も大事なのです。いつも無意識的に生きてきたところ、ふと我に返って「私はどう生きるべきだろうか」と振り返る、その瞬間を迎えたというのが十牛図の最初の絵です。

では二番目の絵を見てください。二番目の絵は〝見跡《けんせき》〟です。ずっと牛を探していたら、牛の跡が見えたということです。私の中に仏の姿、真なる私の姿を探している人にとって、何かが見えたような気がすることがありますが、これはそのような状態を表しています。「自覚をしてみたら、すべてのことが一切唯心造のようだ」というようなときです。当然、一切唯心造なのですが、ここではまだまだ「一切唯心造のようだ」という程度です。

一番目の段階があって、この「足跡を見つけたようだ」「一切唯心造のようだ」というのが二番目の段階です。「師匠がおっしゃられる一切唯心造、すべてのことは心持ちにかかっているということが正しくて合っているようだな」というように、「本当にその通りだ！」ではなく、まだ「その通りのようだな」という段階です。

三番目は〝見牛《けんぎゅう》〟です。ついに牛を見つけました。私の中に真理を見つけたというのです。自覚をしてみたら「やはり、すべてのことは私の心持ちにかかっていて、いつもそうとは思えないにしても、瞬間的にだけでも、本当にそうだ！　これは絶対的な真理だと思える」、それが〝見牛〟の状態です。しかし、ここに長く留まることができる人はいません。すぐにまた元の場所に戻ってしまうので、何かがわかったと勘違いして勉強をやめてしまう人も多勢います。三段階目までいったとしても、信じ切れないのです。「これは、どれほどの大金であっても取り替えることのできない真理です」と誓いを立てたとしても、それをずっと維持することができないのです。瞬間的に自分を見たものの、それを維持することができず、勉強から離れてしまうのです。

四番目からは難しい話になります。四番目は〝得牛《とくぎゅう》〟です。自分が牛を捕まえたというのです。牛を掴んだのですが、牛が抵抗しています。自分のエゴ的な生き方に戻ろうとして、自分自身と熾烈に闘っているのです。一段階目では自分のエゴにやられていますが、四段階目では牛を捕まえて「このような人生をいく！」とは言うものの、抵抗が甚だしいのです。牛が大騒ぎをしても、そこで鼻輪をグッと強く握ることができずに、牛にズルズル引きずられていくのです。自分が牛を引きずっていくのではなく、牛に引きずられてしまっています。熾烈に自分と闘っています。

この絵を見ると、昔の師匠たちが言っていることは本当に道理に合っていると理解できます。誰もがこのように勉強をしてきたからです。その師匠たちも、自分自身と熾烈な争いを繰り広げたのです。

五番目は〝牧牛《ぼくぎゅう》〟です。〝牧牛〟とは牛を飼い慣らすということです。牛と綱引きをして

十牛図

一　尋牛《じんぎゅう》

牛（自分）を探そうと決意する。

二　見跡《けんせき》

牛の足跡を見つけるが、牛にはまだ出会っていない。

三　見牛《けんぎゅう》

牛の姿を垣間見るが、その確信を持ち続けることができない。

四　得牛《とくぎゅう》

牛に手綱を付けて捕まえようとするが、牛が暴れてなかなかうまくいかない。

五　牧牛《ぼくぎゅう》

ようやく牛の主人となり、飼いならしている。

六　騎牛帰家《きぎゅうきか》

完全に牛をコントロールして、余裕を持って牛に乗り、家に帰る。

七　忘牛存人《ぼうぎゅうぞんじん》

やっと連れてきた牛の存在を忘れてしまう。

八　人牛倶忘《じんぎゅうぐぼう》

牛のことも自分自身のことも忘れた神我一体の境地。

九　返本還源《へんぽんかんげん》

すべてはあるがままであり、本源である。

十　入鄽垂手《にってんすいしゅ》

悟りを得ても、世俗に戻り、人々に安らぎを与え、悟りへ導く。

いる段階から、牛を飼い慣らす段階に入ったということです。自分自身をよく振り返ってみてください。よくよく自分のことをコントロールして葛藤もなく、焦りもなく、揺れることもなく、完全に牛を飼い慣らし、自分が牛を連れていくのです。それが五段階目の〝牧牛〟の境地です。

ここでよく絵を見ていただきたいのですが、四段階目までの牛は黒です。きちんとした十牛図であれば、五番目から牛の色が黒から白に変わっているはずです。なぜなら私自身のことがわかったので、これ以上はもう黒い色、暗闇ではないということです。はっきりとわかっている白なのです。はっきりと私のことが見えたということを表すために、白で表現しているのです。

十牛図は十枚の絵で構成されていて、十段階まであります。しかし、ここから先はまだ皆さんにとっては実践的な話ではなく、抽象的であり、理想の話になります。

六番目の絵では、牛に乗った道人が笛を吹いています。皆さんは今、笛を吹けるような余裕のある境地でしょうか。現実的に皆さんとは距離のある絵です。私自身を完全にコントロールして、私自身の上に乗って笛を吹く余裕です。自分自身をより観察でき、完璧に自分自身に勝った人、ハッキリと私の中の意志、私をコントロールできる人、その人の次の段階こそが、まさに六段階目なのです。

六番目以降の絵は、もうそれ以上見る必要はありません。時間のあるときに一番目の絵をよく見て、二番目の絵も熱心に見て、三番目の絵も熱心に見て、四番目の絵も熱心に見て、五番目の絵も熱心に見てください。いつかは六番目の絵について話し合う日が来るでしょう。というよりも、既に牛に乗って笛を吹くような状態になっているのに、それについて話し合う必要もありません。この段階ではもう師匠が必要なくなるのです。師匠が必要なのは五番目の段階まで。六番目の段階になれば、もう自分が師匠なのです。

カルマによって自分の性向に留まり、悟りが遅くなる

苦痛はどこからやってくるのでしょうか。現実からやってくるのでしょうか。そうではありません。現実がどうして皆さんに苦痛を与えることができるでしょうか。

ストレスや混乱や苦痛は、どこからやってくるのでしょうか。私の愚かさからやってきま

す。私が愚かなので試練がきて、苦痛がきて、困難がくるのです。「そのようなものを通して悟ることができます」。孔子はそのようにおっしゃいました。苦痛や困難があっても、それを通して悟ればいいのだという話です。

それにもかかわらず、カルマの作用によって皆さんは相変わらず愚かさにこだわっています。もしも私が愚かだったのなら、早く賢明になればいいのです。カルマの法則によって、カルマの力によって自分の愚かさをずっと握りしめ、こだわり続けているのです。

ある人が孔子に「どのような人が、人として何かが備わった人と言えるでしょうか」と尋ねました。すると、すぐさま孔子はこうおっしゃいました。「他人を慈しむことができる人だ。他人を尊重することができる人が、人として最も優れた人だ」

また弟子が尋ねました。「人として、どのようなことが知恵深いことですか」。すると孔子はこうおっしゃいました。「他人をわかることだ」

また弟子が尋ねました。「この世の中で最も愚かなことは何ですか」。孔子は意外な答えをなさいました。「考えを変えることができない人だ」。これがある面で最も見事な回答です。

なぜ人は考えを変えることができないのでしょうか。言い訳としてはカルマのせいにすることができます。自分が、ある考えにこだわり続けるのもカルマからきています。

ではカルマとは何でしょうか。結局は性向なのですが、今の性向になった理由は何でしょうか。私がそれを捕まえて持ち続けているので、私の習慣になってしまったのです。習慣というのは業になり、カルマになるのです。それで私の性向、私の習慣というのは変えるのが難しいのであり、それが問題なのです。

私がこのように話すからといって、カルマを自覚できない言い訳にしてはいけません。「カルマが原因だ」と言ったところで何の解決にもなりません。結局、私がこだわっているに過ぎないということです。

私たちがそのことをわかればこそ、それから抜け出す力が生じるのではないでしょうか。私自身を見てみるのです。なぜ私は変わることができずにいるのでしょうか。それは、私がこれを掴み続けているからです。私が私の愚かさを見ることができずに、認めることができずにいるからです。そのように自覚をするべきです。

孔子は化身されて、現在はシャンバラの大師としていらっしゃるのですが、その方はマハートマー書簡と呼ばれる手紙を通して神智学会を設立されました。宗教ではなく神秘瞑想団体です。瞑想家として知られているクリシュナムルティもそこの出身者で、リードビーターは神智学会のその弟子たちを育てる役目をしました。

私がなぜこの話をするかというと、孔子の弟子たちも、カルマによって当時は大きく悟ることができませんでした。そして、現代において神智学会を設立することになりました。孔子の時代の弟子たちが、現代において神智学会を作っているということです。弟子たちがこの時代にそのまま移動してきたのです。

そのように突き詰めてみると、カルマというのは実に恐ろしいものです。もちろん孔子におかれては、地球を離れて宇宙の別のところに行くことを放棄されてまで地球に留まっていらっしゃったので、弟子たちに出会うことになったのです。

しかし孔子の教えを見てみると、すべて悟りの核心なのに、当時の弟子たちは悟ることができず、持っていた性向のためにそこに留まり、そこにうずくまって、数千年たっても同じように関係性を結んでいるのです。本当に笑い話のようです。

そのように突き詰めてみたとき、お釈迦さまはどのような方だったでしょうか。悟りの代名詞といえる方ですから、その当時、弟子がどれだけ多くいたでしょうか。そして皆、悟りを得たのでしょうか。

いやいや違います。まったくそうではありませんでした。誰もがカルマの影響によって意志が弱かったのです。勇気もなく、臆病で怖がりで、まだまだ自分にこだわっていて、自分自身を抜け出すことができなかったのです。それでお釈迦さまの弟子たちも、ずっと輪廻し続けました。

イエスさまの弟子はどうだったでしょうか。もっと悟りからは遠い状態でした。あのように立派な師匠に出会っても、なぜ師匠と一緒に卒業することができなかったのでしょう。その後ずっと輪廻を続けている理由は何でしょうか。それは自分の意志、勇気の不足です。

カルマというのは、それほどまでに大きく作用するのです。ですから、これは師匠の問題ではなく、教えの問題でもありません。教えに何があるというのでしょうか。自分が自分自身のことを見るのに秘法があるでしょうか。あるはずがありません。

十牛図の最初の段階において、黒い牛は進もうとしないで鼻輪を明け渡すことなく、あちらこちらに行こうとします。それがカルマの力であり、業《ごう》の力です。

ずっと自分で自分自身のことを省察して、目を覚ますのです。ずっと続けて自分を見て、自分を省察していけば知恵がつき、知恵のある私が大きくなっていくのです。私の中の知恵深い私が大きくなれば、今の愚かな私は存在していても、塵ぐらいの小ささになるため、意味がなくなります。

「私の性向を変えよう！　私自身を変えよう！」と考える必要はありません。「私はこういう人になるべきだ！　これを直さなければいけない！」とは考えないでください。ただひたすら私を見るのです。ただひたすら自覚をするのです。私自身をずっと省察し続けるのです。死ぬのはエゴであって、私自身は決して死にません。私自身の本性は永遠ですから、どうして死ぬはずがあるでしょうか。消え去りもしませんし、実は生まれたこともないのです。それは私をあるようにさせた、ただの創造性です。そして消え去り、死ぬのは偽物です。ですから消える、死ぬということに恐れる必要はありません。それは偽物なのですから。偽物が死んで、偽物が消え去るのです。本物は消えることも、死ぬこともありません。

愛憎の感情を許して、捨て去る

共同体から離れてしまう一番の要素は何かというと、共同体の中で恋愛をしてしまったときです。共同体では集まって勉強だけをしなければいけないのですが、共同体で恋愛をしてしまったら、そこに感情が投入されてしまいます。いいときは二人ともいいのですが、悪いときは二人が憎しみや恨みを抱えることになり、共存することが難しくなります。愛し合っているときはいいかもしれませんが、別れるときには愛憎関係の二人になってしまうのです。「女性は絶対に受け入れてはいけない」と迦葉が言ったため、迦葉のためにお釈迦さまが一時期、女性の弟子を受け入れることができなかったという話（P188参照）をしましたが、迦葉も女性が悪いと思って言ったのではなく、恋愛沙汰が起これぱそこに感情が起こるので、女性の弟子を取ることに反対したのです。お釈迦さまも色恋沙汰はしないということを条件に、女性の弟子を受け入れました。

それでお釈迦さまは、このように釘を刺されました。「会えば憎らしくなるし、愛し合っている者は会えなくて苦しくなる。だから愛しもするな、憎みもするな」。愛し合う者同士は一つ屋根の下で暮らすことができますが、愛憎関係の二人になってしまったらそれもできません。

それで色恋沙汰を起こした人の九十九パーセントは共同体を離れていきました。残っている人は一パーセントにも満たない状況です。その恋愛という試練を通り、愛し合い、憎み合うという過程を通っても、この共同体に残り続けている人がいます。私はその人たちに対して立派だ、殊勝だと思います。だからといって共同体の中で恋愛をしようとするのは、あまりにも危険過ぎる冒険なのでやめましょう。

それを乗り越えたという人も最後の感情は残っています。しかし、その最後の感情をパッと振り払うのです。最後の感情が離れ去ったときに開闢《かいびゃく》が起こります。そうすると頭にある百会《ひゃくえ》から、皮がむけ落ちるように脱皮します。頭皮が剥げ落ちるように自分が消え去ります。最後の感情の一滴がなくなることで、皮が剥げ落ちるように自分自身がなくなるのです。

これに何か思い当たる節のある人は、その通りにやってみてください。思い当たる節のない人は、そのような恋愛をしようとしないでください。最後に残った感情、愛というものはどれほど深く、その人の心に突き刺さっていることでしょうか。その感情を振り払えば神に至るのです。

イエスさまがおっしゃった「恩讐（愛憎関係の相手）を愛せよ」という言葉における恩讐は、敵ではありません。過去の恋愛相手のことです。それがすべて愛憎関係の相手なのです。しかし、その愛憎関係の相手を愛するというのは、愛憎関係の相手に対して恋愛感情を持つということではありません。「恩讐を愛せよ」とおっしゃったイエスさまの真意は、愛憎関係の相手に対して思っている感情を葬り去りなさいということです。愛憎関係の相手だと思っている私を愛して、赦《ゆる》すのです。そして最もいい方法は、自覚によって忘れることです。愛憎関係の相手が私であり、私が愛憎関係の相手であると自覚するのです。

私だけを見るようにして、他人を決して見ないようにしましょう。男性は女性を女性として、女性も男性を男性としては見ないようにしましょう。それが最も賢明な方法です。そして仕方なく、そのようなことを経た人は愛憎関係の相手を愛するのです。

愛憎関係の相手が生じたことも「チャンスがきた」と思いましょう。私の人生において愛憎関係の相手が現れたのも、私の勉強の肥やしだと思いましょう。跳躍が起こると私がはっきりと言いました。愛憎関係の相手を愛するようになったら、まさに跳躍が起こるのです。

私に悟りが訪れるとき、その喜悦は言葉で言い表すことができません。今でも十分に喜悦感を感じているかもしれませんが、その二倍どころか十倍の喜悦感もあります。それはあっという間に訪れます。

なぜそのような恍惚境が訪れるのかというと、自分自身が耐え切れず、一瞬自分がなくなるからです。自分が持ちこたえることができずに一瞬自分がなくなるから、そこに恍惚境が訪れるのです。肉体的なオルガズムも同様です。あまりにも大きなことなので自分の感覚器官がそれをコントロールすることができず、自分が一瞬消えてしまい、そこに恍惚境が訪れるのです。ですから、完璧に自分がなくなるときのオルガズムは、どれほど大きいものでしょうか。

山に一人で行って、徹底的に私を一人ぼっちにさせる

一人になって「本当の私、アイデンティティとは何だろう」と問うてみても、すぐに答えが出るわけではありません。ですから、初めから難しく問い詰めないで、まずは一人で過ごしてみましょう。「無条件に私は一人でいる」と思ってみてください。それは、どこの誰も連れてこず、どのような考えも連れてこないということです。徹底的に私が一人になるということです。

本当に私を一人ぼっちにさせると、周辺に樹があったとしたら「樹も私も同じだ」と感じるようになります。それは私の考えというものが介入してこないからです。私を意識しなくなるから、ただ「私と樹は同じだ」と感じ取れるはずです。これは大事な話です。ですから、徹底的に一人になるということを練習してください。

自我を放置しているとき、自我は力を発揮できません。私が何かを掴んで引き寄せるとき、自我も発動します。ですから、徹底的に一人でいるのです。一人ぼっちにさせるのです。そうすると、私は横にある樹や草や石と同じで、区別ができないのです。そして周辺にある樹、

草、石も意識できなくなるように、私という存在も意識できなくなるのです。そこまでいくことは、決して難しいことではありません。

そのようにして、徹底的に一人でいる練習をしてください。一人でいるということではなく、そのまま放り出すのです。私を山まで引っ張っていき、そして山に捨てるのです。私を放り出したら、どのようなことが起きるか見てみてください。そこから何を感じるかは本人が経験しなければいけません。とにかく山へ一人で行って、そして自分に干渉しないで自分を放り出すということをしてみるのです。

そのようにしていると、ある瞬間に「私がいない。どこにいるんだ？」と私を探すことになり、そこで私の正体性というものが明らかになってきます。

周辺には、樹や草がどれほどたくさんあるでしょうか。私がそのうちの一つになってしまえば、本当に私というものを探さなければいけなくなります。人によっては、次のような考えをすることになります。

「今、私が消えてしまった」

「私が見えるはずなのに見えない。私がある存在として感じ取れるはずなのに、感じ取れない。でも、はっきりと私は意識をしている。私は誰だろうか」

そのように自然と、経験として私に対する洞察が起こるようになっています。これは誰もができるようになっています。なぜかというと、誰でも捨てるものがあるからです。皆さんには捨てることのできる自分がいるのですから、自分を捨てればいいのです。

一人でいる時間は究極の境地

自覚を知っていて、自覚をしていて、悟りの旅程を歩んでいる人は、この世のどのようなお金持ちよりも心のお金持ちであり、この世のどのような権力・名誉を持っている人よりも偉大です。

私自身に集中しましょう。私が強くなり、私が深くならなければいけないのです。「私は誰だろうか。私は何だろうか。私の人生とは何だろうか」。このように最も基本的なところから、もう一度考えなければいけません。不安やストレスがやってきたときに「これは何なのだろうか。なぜ私がストレスを受け、未知に対する不安を作っているのだろうか。私にとって心配とは何で、幸福とは何で、不幸とは何だろうか。私の人生の目的とは何だろうか」

と熟考するのです。

このように初めから自覚をするのです。自分に問いかけ、自分から答えを導くのです。一日に何時間も行って習慣にすることです。今はもう無条件に山に行って、何時間でも一人の時間を持つのです。

「私とは何だろうか。私は誰だろうか」と、私についてずっと振り返ってください。初めはそれがあやふやに感じると思いますが、ずっと続けて努力をするのです。そのようにして私について一つ一つ整理すること、それが私について影響を集めるということです。それが私たちにとっての必須の課目です。この世に起こっていること、この世にいる人、それはすべて浮雲のようなものだったと自覚するのです。私に対する自覚がなければ、それはすべて幻なのです。

ただ私について考えるのです。「今回は私についての答えをはっきりと受け取るぞ！」という精神で、ずっと続けて二～三時間の間、私だけを掴み続けて遊ぶのです。私が一人でいるということはとても大事な修練です。一般の人たちにとってこのような話は何の意味も成しませんし、求道者たちにも何の意味も成しません。その人たちは考えと法則と伝統に従って求道しているだけだからです。彼らにとっては目覚める修練ではなく、修練という考えに陥っているに過ぎないのです。

一日に二～三時間は一人で過ごしてください。一人で部屋にいるのではなく、外に出るのです。自然の中に戻って、私が草の一本になるのです。木々のたった一つの枝になってもいいでしょう。私という存在をしばし横に置いて、私が一人でいる時間には私のすべてを捨てるのです。すべての考えを分離させるのです。世の中のすべての悩みというものを置いてくるということです。ただ私だけが行くのです。

山に行く前に「今回は私一人で行く」と意志を持つのです。すべてを置いて一人で行き、完全に、完璧に私一人との時間を持つのです。私が行くときには、どこの誰も連れていってはいけません。今まで知っていた、この世の中のすべてを置いて行くのです。そうすれば、完全に、完璧に、私自身に集中することができるのです。

この修練は昔からあります。一人で行く、一人でいる時間、それが究極の境地です。真の私を探し当てるために私の中に入っていくのです。「私に向かい合う」、これを徹底的に守って行うのです。

第五章　自覚は〝私〟の意志から始まる

私という真実に到達するための努力

現実における成功や事業での成功もそうですが、勉強においてもやはり同じです。結局は最後まで意志を貫き通し、根気強くやっていた人が勝利を得るのです。とにかく耐え忍んで、なんとか持ちこたえることです。それはその人の意志にかかっています。ですから、気が弱い人は長くかかります。火が弱ければ水が沸くまで時間がかかりますが、火が強ければそれだけ早く沸騰するのと同じです。

自覚の勉強はとても大変です。簡単なようでも何十回もの前世を使い、火をずっと灯し続けて今があるのです。そうやって、どうにか持ちこたえる忍耐強さで成就しようとしているのです。

そのような状況で茫洋《ぼうよう》とした大海を船が航海していくのですが、何を見て海を渡っていくのでしょうか。もしも羅針盤がなかったなら、何を目印に、どの方向に行くのでしょうか。師匠という羅針盤があれば、羅針盤が示してくれる方向があります。その羅針盤が示す方向は東西南北ではなく、皆さん自身の方向を指し続けています。

けれども、その羅針盤がとんでもない方向を指していたら、それは羅針盤にはならず、羅針盤の機能も果たしません。人を間違った方向に導くことになったり、イエスさまがおっしゃったように、盲目の人が盲目の人を導いていくようなことが起こるのです。ですから、正しい羅針盤があるかないかでは大きな違いがあるのです。

航海において最も大事なのは羅針盤です。羅針盤というのは、真実だけを指してこそ羅針盤の機能が果たせます。そしてその真実とは、まさに私自身です。どんなことであっても、そこから起こってくるのですから。結局、私自身に到達するというのが真実なのです。

これは何を言っているのかというと、自分自身の正体性に行き着くということが、結局は真実に行き着くということなのです。羅針盤が指しているからといって、すぐさま到着するわけではありません。皆さんは数限りない輪廻を通して、どれほどたくさんの大海をさまよい続けてきたでしょうか。

皆さんは、どの時代においても自分自身からとても遠く離れていました。どこかの宗教にいたかもしれませんし、道や心の勉強、スピリチュアルというように、結局は自分自身から離れた場所にいたのです。ですから自分自身に戻ってくるために、ある程度の時間、航海が必要だということです。

自分自身と近くにいる人もいるかもしれませんが、自分自身から遠く離れたところにいる人もいます。けれども、それを比較することはできません。なぜできないかというと、これは私自身の問題だからです。ですから距離が遠いというのは、今まで私は私自身と遠く離れていたという意味なのです。

それは、ある客観的な距離ではありません。ですから、私と遠くに離れている人が劣った人で、私と近くにいる人が優れた人という意味ではありません。これは私から遠く離れていた人は、私に近づくためにもっと努力をしなければいけないという話です。そういった努力が必要なのです。それは何か耐え忍ぶ、持ちこたえるということではありません。それは当然、自分がしなければいけないことなのです。しかし、それを耐えることができずに、自分自身からまた再び遠ざかる人がいるのです。

カルマ、性向を超えていくという強い意志を持つ

今回の人生では、覚悟を決めて意志を持ち、輪廻から卒業しなければいけません。そうでなければ、何が一番問題になるでしょうか。

私たちには業というものがあります。業報《ごうほう》、カルマとも言います。

原因があって結果があるという、因果応報あるいはカルマの法則がなかったと考えてみてください。そうすると世の中はどれほど不合理でしょうか。誰かはうまくいっていて、誰かはうまくいかない。誰かは健康で、誰かは病気になっている。誰かはとてもお金があって、誰かはとても貧しい。

もしもこの因果応報がなければ、世の中は話にならないくらい、あまりにも不公平です。この世の中を公平にするために、原因があって結果があるという因果応報の法則があるのです。業報、カルマが存在するのはそのためです。

これは人の足に鎖をつけよう、罰を与えようというものではなく、公平のための方式であり、調和と神聖の法則です。ですから「私の運命は○○で、カルマが××で」のような言い

訳として用いてはいけません。世の中は本当に公平で平等なのです。宇宙の法則というのは絶対的に公平です。

カルマによって何が問題になるでしょうか。簡単に言うと私の身体が痛いのもカルマですが、勉強を続けたのに途中でやめるというのもカルマです。むしろ身体が痛いという程度のほうが、まだましです。肉体がある限り、当然病気にもなります。しかし、精神が病むというのは本当に大変なことです。ですから、自分が道を見失うということほど悲劇的なことはないということです。

自覚の勉強をしていて途中で放棄する、やめるというのは道を失う、迷うということです。この道というのは誰かの道ではなく、自分自身の道です。結局、始まりの門も私で、終わりの門も私なのですが、必ず私という門を通過しなければいけません。結局、私という門によって私に出会うことになるのです。

自覚を諦める、放棄するというのは、一体どういうことでしょうか。それは、自分を見ることを諦めることです。その門というのはどこかにあるのではなく、いつでもそこにあって、いつかは運命的に、宿命的にそこを通過しなければいけないのです。今、私のことを知ろうとして私の道に入ろうとしているのに、それを放棄してしまうことになるのです。もちろん道を見失わなくても、怠けていてそれ以上道を進まない人もいます。

自分にその道が見えるなら、その道を行かなければいけません。道から外れたり、その道で立ち止まってしまえばそこまでです。そして、そこには人それぞれの大事な言い訳があります。それがまさにカルマなのです。

カルマというのは、いわゆる行為だけを指しているのではなく、考えや心の傾向もカルマです。それは私の性向ということです。私の個性、私の性向も一種のカルマです。けれども、それはずっと付きまといます。それで、その性向がこの勉強を途中で諦めさせ、止めさせ、あるいは怠けさせるようになります。道を外れなくても、ずっとその道で立ち止まり、その道でうずくまってしまうことになるのです。意志が弱くて、恐れが大きいということです。

なぜそうなのでしょうか。それは一種のカルマの作用です。昔からずっと、そのように怖がって生きてきたのであれば、突然、勇気が満ちあふれるというのは難しいことです。そうであっても、それさえも皆さんの意志にかかっています。なぜなら、私が主人だからです。

相変わらず何かに引っかかり葛藤もあって、何かから抜けるどころか、今自分が手に持っているものすら惜しくて手放せずにいます。この世に生まれたとき、皆さんは手に何かを持ってきたでしょうか。そして、この世から去っていくとき、何かを持っていくことができるでしょうか。

いいえ、〝私のもの〟はありません。それなのになぜ、〝私のもの〟にそれほどまでにこだわり執着し、あれこれ思考を巡らせるのでしょうか。そのために勉強することも諦めて、それ以上進むことができないでいます。

カルマに打ち勝つ方法はありません。それは自分を守るための言い訳であり弁解です。どうしてそれをなくすことができるでしょうか。ここは一度〝死ぬか生きるか〟〝一か八か〟で挑戦してみなければいけないのです。

この勉強を途中でやめる人を見ていると、カルマによる影響だとわかります。今この勉強ができている、続けている人たちは、自分の運命、自分のカルマに感謝する心を持たなければいけません。もちろん後々どうなるかはわかりませんが、これを念頭に置いておいてください。結局、私は私自身と出会うことになります。私自身を避けることはできないのです。なぜなら、これは私のことであり、私の問題であり、私自身が私を通過しなければいけないのです。

しかし実際のところ、私自身を避けて外へ行く人がいます。外に何があるというのでしょうか。部屋の中で針を失くしたなら、部屋の中で探さなければいけません。部屋の中が真っ暗だからといって、外に出て行って針を探すことに意味はあるでしょうか。私が私自身を明るくすればこそ、部屋の中で針を探し出すことができるのです。私が私自身を探そうとしないので、そこには明るさがなく、真っ暗であらざるを得ないのです。

十牛図には、真っ黒な牛が出てきます。自分が真っ黒な牛なのに、外が明るいからといって明るい外で針を探そうとする、そのような愚かで呆れ返った話が世の中のどこにあるというのでしょうか。真っ黒な私については、必ず私が克服しなければいけません。歯を食いしばって超えなければいけません。私というエゴ、自我を完全に超えなければいけないのです。

カルマについて一度よく考えてみてください。もう一度生まれ変わるとして、また、カルマによって途中でこの勉強を諦めた人は、次の生でもまた諦めることになります。自覚していてもそうなってくるのです。これがカルマなのです。次の輪廻がある場合、カルマがそのように作用するのです。ようやく自分を知る道を探し当てたのに、それを諦めるということは、どれほど愚かなことでしょうか。それでは永遠に黒い牛のままです。自分自身を見ることのできない、黒い牛なのです。それは十牛図の、最初の一段階にも至ることができないということです。

師匠がいて、共同体にいることで照らし合うことができるというのはとても恵まれたことで、自分自身に感謝するべきことです。「自分は黒い牛なのだな」とごまかさずに見ることができるからです。これはとても尊い機会です。黒い牛たちは「自分が黒い」ということすらも気づいていません。では、どうして自分は黒い牛だと気づくことができたのでしょうか。

それは、まだまだ自分は白い牛にはなれてはいないけれど、白い牛こそが正常だということを知り、わかったからです。このような現住所であったとしても、そのことを知って自覚したことで、自分が黒い牛だとわかることができたのです。自覚がなければ、自分が黒い牛だということすらわかることができません。自分が黒いということすらわからないというのは、どれほど呆れた事実でしょうか。

カルマというのは避けようがないものです。私をこのようにしているのは私の性向だということを、常に知っていなければいけません。私の性向とは、いつも繰り返しそのようにしてしまう自分の選択のことです。カルマ、性向は完全に自分自身の道であり、自分自身の運命です。ここで止まってしまったら私自身を克服できず、私自身から抜け出ることができません。ですから、歯を食いしばってやらなければいけないのです。

共同生活をすることで、利己的な自我を抹殺する

共同生活をするというのはとても大変なことです。お釈迦さまは、なぜ弟子たちに共同生活をさせたのでしょうか。

三帰依という言葉があります。「尊いお釈迦さまに帰依します」「尊いお釈迦さまの教えに帰依します」「尊いお釈迦さまの共同体に帰依します」という意味で、お釈迦さまと教えと共同体に帰依するということです。

共同体というのは何でしょうか。ここで言う共同体とは、弟子が集まっているところを指しているのではありません。勉強の磁場のある場所のことを言っています。弟子が集まって勉強をしている磁場があまりにも尊いので、その三つの中に入ったのです。お釈迦さま、教え、共同体は勉強において必須であり、非常に重要なため、三帰依の中に入っているのです。

しかし、その共同体のエネルギー磁場の大切さをわからずに、「この共同体は嫌だ」と言う人がいます。「気に入らない人がいる」とも言います。もしも気に入らないというのであれば、「お釈迦さまのことが気に入らない」「教えが気に入らない」と言って出ていったこと

と同じです。そのような考えではお釈迦さまに会うこともできず、教えを受け入れることもできず、共同体で持ちこたえることもできないのです。それはエネルギー磁場を持ちこたえることができないということです。

なぜ持ちこたえることができないのでしょうか。その共同体が気に入らないからでしょうか。他の人が気に入らないからでしょうか。いいえ、違います。自分がそのエネルギーに適応できずにいるからなのです。自分が偏狭な心を持ち、まだまだ自我や利己的な心を持っているからなのです。

共同体において利己的な心というのは存在し得ません。共同体で適応できないということは、自分に利己心があるということです。誰かが気に入らないから、弟子たちの水準が低いからと言うのは、とんでもないことです。自分自身を見なければいけません。

本当に優れた人、本当に境地に至った人は、完全に共同体に合意できた人です。既に網に引っかかることのない、風になった人です。風が網に引っかかっているのを見たことがあるでしょうか。網に引っかかるのは魚という自我だけです。ですから共同体が気に入らないというのは、自分が自分自身を見ることができずにいるということです。

共同体というのは人が集まった場所ではありません。とても大事なエネルギーの場です。

私を溶かすことができる、とても大事なエネルギー場なのです。それを人だと、弟子たちだと考えるのではなく、エネルギーだと考えてみてください。

雪は太陽の光で溶けてしまいます。雪がたくさん降れば溶けるのに時間がかかりますが、熱があればやがて溶けることになります。熱がない状態で雪が溶けるのは非常に難しいことです。それでお釈迦さまは、そのように共同体、エネルギー磁場を強調なさったのです。三番目の帰依「尊いお釈迦さまの共同体に帰依します」というのは、人が集まった場所のことではなく、エネルギー磁場のことを言うのです。

第六章　〝カルマの法則〟を超えていく

人類の進化のためのエネルギーが放射される日

ヒマラヤで毎年ウエサク祭が開かれているという事実は、近年ヨーロッパおよびアメリカの一部の人々には広く知られています。ウエサク祭とは、お釈迦さまがこの世に誕生された日を称える行事です。この行事は、大師やその弟子たちにとっては大祭典になります。さらには人類の進化のために知られざるエネルギーが放射される、不思議な日でもあります。今日では西洋のキリスト教徒の間でも、五月の満月の夜のウエサク祭に瞑想をする人がたくさんいます。

ネパールの国境からそれほど遠くないヒマラヤの山中に、北に向かって緩やかに傾斜する高原があります。ネパールのタサ（tasa）市の西方に位置しているこの高原は〝仏陀の庭園〟と呼ばれる場所ですが、楕円形をしており、石ころだらけの畑にはところどころ草が生えています。高原の西側には一筋の川が松林の中を通っていて、向かい側の湖に流れ込んでいます。そこに人は住んでいませんが、東の丘には廃墟があります。高原の南側には大理石の祭壇があり、苔があちこちに生えています。

毎年、五月の満月の夜になると、そこでは神秘で不可思議な光景が繰り広げられます。それは全人類の幸せと深い関係がある儀式でもあるため、まず起こっている事実をありのままに描写した後、その深遠な意義を説明しましょう。

五月の満月になる数日前から、テントを背負った巡礼者たちが小川に沿って歩いてきたり、高原を取り囲む山々からも群れを成して集まってきます。彼らは山の麓や小川のほとりにテントを張り、火を起こします。集まる人のほとんどは中央アジア人ですが、さらに遠く北方から来る人々もいます。彼らは大半が許可を受けたラマ僧たちです。満月の当日、昼になると彼らは斎戒沐浴《さいかいもくよく》をし、服を洗い清めて、これから催される祭典の準備をします。

月が昇る二〜三時間前から、巡礼者たちは秩序をもって、高原の北部に祭壇の方を向いて静かに座ります。数人の高位ラマ僧であるリンポチェたちが来ると一同挨拶をし、周辺を見渡し、準備を整えます。

満月が昇る一時間前にアストラル体（霊体）でやってくる百二十人余りの存在たちがいるのですが、それはまさに六十人のアデプト（大師）たちと彼らのチェラ（弟子）たちです。彼らはアストラル体の状態で移動します。肉眼では見えませんが、到着すると物質化するので人々の目につくようになるのです。すると巡礼者たちは地面に額を付けて礼拝し、姿を現した大師たちは自分の弟子たちとうれしそうに談笑を交わすと席に着きます。その間に準備員たちが祭壇を花で飾ります。四方至るところが蓮華で飾られ、祭壇の中央には水に満たされた黄金の大きな器が置かれます。

満月が昇る約三十分前に、大師たちの首長であるマハコハンが手信号を行います。すると、大師たちも弟子たちも祭壇と群衆の間に三重の円になって立つのですが、そのとき大師たちは円の一番内側に、弟子たちは円の外側に、そして巡礼者たちはその外側を取り囲みます。

パーリ仏典の詩が朗誦《ろうしょう》され、その朗誦の声が消えると円の中央が輝き、マイトレーヤー（弥勒仏）が物質化して肉体で現れるのです。手には「力の棍棒」が握られています。その棍棒は数百万年前、初めて地球ロゴスが人類進化の生命波動を呼び起こしたときに作られたもので、力をその内に吹き込み、磁化させたものです。これは創造主の意志が込められた物質的な表象です。それは星から星へと飛び回り、地球を離れると地球が比較的暗鬱な惰性を帯びるようになり、天災地変に見舞われるようになるのです。その棍棒は、普段はシャンバラのサナートクマラ（地球霊王）によって管理されています。

ウエサク祭のとき、棍棒はシャンバラを離れ、マイトレーヤーの手に握られます。棍棒の両端には先のとがった大きなダイヤモンドの玉がはめ込まれており、まぶしいオーラを放出しています。どのような金属で作られたかはわかりませんが、この金属が地球のものではないのは確かです。

五月の満月の夜、その高原で行われるウエサク祭で、マイトレーヤー以外は誰もその棍棒を持つことはできません。マイトレーヤーが円の中心に物質化して姿を現すと、大師とその弟子たちが礼拝をし、詩が朗誦されます。すると円の外側の列だけが残り、二つの内側の円を成している列が十字架の形の列に変わると、この十字形の中央にマイトレーヤーが立つことになるのです。

それから四回にわたって列が変わり、最後に五角形の星、すなわち五芒星の形になります。このときマイトレーヤーが祭壇近くに立ち、他の大師たちは五芒星の各先端に立つことになります。この後、二つの補佐星の形が追加され、第七の形態になると数分間沈黙が続くのですが、このときマイトレーヤーは棍棒を頭の上に持ち上げ、「すべては準備されました。生命と光の主様よ、さあおいでください！」と叫びます。そして棍棒を祭壇の上に置くと、満月が昇ってくるのです。

このとき、南山の上にお釈迦さまの大きな姿が現れるのですが、そのときアデプトたちは合掌し、巡礼者たちは身を伏せて礼拝をします。同時に三帰依が朗誦されます。

尊いお釈迦さまに帰依します。
尊い教えに帰依します。
尊い共同体に帰依します。

すると巡礼者たちは立ち上がってお釈迦さまを仰ぎ見ると、大師たちは仏典の一つの御言葉を巡礼者のために朗誦するのです。

山上に浮かぶお釈迦さまの姿形は大きいですが、生前の姿そのままです。結跏趺坐《けっかふざ》をしたまま両手を前に重ね、黄色の僧侶服を着ておられますが、右腕は露出されています。神々しい顔の美しさは表現できないほどに聖なる神の顔であり、静寂、力、智慧、慈悲そのものです。

顔は黄色がかった白光で姿は端正であり、目は大きく深く、黒いその瞳は光を放射し、鼻の形は美しく、唇は閉じられています。真っ黒な髪は肩ほどで切られ、真ん中から両側へ分かれているのですが、その姿はシッダールタ太子時代の、真理を求めて王宮を去るときの姿だといいます。発心の出発を回想し、当時の考えを物質（肉体）に近い姿で再現させているのです。

仏典の朗誦が終わるとマイトレーヤーは祭壇で水の金杯を持ち上げ、しばらくの間、頭の上に上げたままでいます。すると巡礼者たちは立ち上がり、準備していた水の器を、マイトレーヤーと同じように自分たちの頭の上に持ち上げるのです。金杯が祭壇に置かれると次の詩が詠まれます。

知恵において完全な主であられる師よ
成道の知識をお持ちになる師よ
聖なる修行を完成なさった師よ

長い人間の旅路から神となられた師よ
三界の儚さをご存じの師よ
人々の師でおられる尊きお釈迦さま

賛美の朗誦が終わると、表現しがたい愛の微笑みをお釈迦さまの神々しい顔に輝かせながら、右手をあげて一同を祝福します。すると、巡礼者たちの上に花の雨が降り注ぎます。再び大師たちが礼拝し、巡礼者たちが身を伏せると、神々しいお釈迦さまの姿が空に消えていくのです。巡礼者たちは声高らかに祝福し、大師たちはマイトレーヤーの前に集まって金杯の水で唇を湿らせます。そしてウエサク祭は終わりとなるのです。

シャンバラの大師によって守られてきたウエサク祭

ウエサク祭は仏滅（お釈迦さまの涅槃）後にも、七方《ななかた》（七名のお方）のシャンバラ大師によって、今まで数千年も続いてきた伝統の儀式です。七方の大師たちの任務は、人類の師であられるお釈迦さまや、アバター（神の化身）で地球を訪れたイエスさまの誕生前から世を去るまでの守護神の役割を担うことになります。

七方のうち一構成員が他の任務で地球を離れることになると、他の大師が新たに参加することになり、常に七名を維持しています。これが神智学でいうところの人類に影響を及ぼす七光線の起源になるのです。後に、イエスさまが誕生なさった聖誕日に言及された東方の三博士もまた、この方々を指したものです。

イエスさまは神々の聖殿であるアンタレス銀河系に位置する宇宙聖白色同胞団に帰還しましたが、お釈迦さまは地球上のすべての人類が悟りに到達するときまで地球を離れないというご自身の念願から、地球上の他の次元で現在まで留まっておられます。これが「地獄に落ちた衆生を皆、救うまで仏陀にはならない」、すなわち彼岸の世界には行かないという、地蔵菩薩の話の起源となりました。毎年開かれるウエサク祭は、まさにお釈迦さまが人類に向けた〝悟りの念願〟のエネルギーが放射される日です。

その祝祭には、一種の資格を与えられた巡礼者だけが肉体で参加することが許され、その他にも何百人という能力者たちがアストラル体として参加することになります。

その能力者たちは、大師とその弟子たちのように肉体として姿を現す能力がないため肉眼では見えませんが、彼らも非常に進化した霊魂たちですから、完全な覚醒状態のアストラル体で参加します。それにより祝祭周辺の物質的空間と霊的空間は、大師たちと彼の弟子たちから湧いて出てくる眩しいオーラで、クリスマスツリーのキラキラしたイルミネーションのように輝いています。さらにアストラル体で参加した霊魂たちによって、この上なく明るいのです。それは実に壮観な光景です。

このウエサク祭に関する話に深く共鳴する方もいらっしゃると思いますが、その理由は過去の生涯にわたって何回も、その祝祭に参加した経験があるからです。たとえ落第して再び輪廻の車輪で回り回って現在に至り、卑しい肉体の人生を生きてはいても、それでも過去の生涯で磨いた根気によって悟りを学ぶ機会を与えられたのです。

おそらく、この言葉を聞いた方はこのような考えをするでしょう。

「私は選ばれた者としてウエサク祭という聖なる行事に参加するほどに、求道に火を燃やした求道者であり、想像もできない偉大な大師たちとその弟子たちに対面することができ、マイトレーヤーの現身を目撃し、お釈迦さまから直接霊的授戒を受けるという祝福を享受したのに、なぜその当時悟ることができず、また再び輪廻の道に入ったのだろうか」

自覚は地球上での学びの頂点

私に対する自覚の勉強は、現在この地球上では他の学問、科学知識とは比較にならない、究極の知恵です。言い換えれば、自覚はこの地球上での学びの頂点だということです。いかなる宗教や哲学の教えも、自覚を凌駕できません。それは科学も同じです。

有名な物理学者であるアインシュタインは、初期に相対性理論という科学の理論を発表しましたが、晩年にはこんなことを言いました。

「この宇宙において最も神秘的で理解しがたいことは、それが理解可能であることだ。私は相対性理論という理論を打ち出したが、それは人間である私の感覚と体験を通じて得られた結論であって、絶対的な宇宙の自然法則とは言えない」

アインシュタインが科学者として素晴らしい点は、彼の相対性理論よりも、このように自分の限界を見たところにあります。アインシュタインの推測通り、宇宙的な観点で見れば、相対性理論は盲目の人が象の身体の一部分を触ったに過ぎないからです。現在、地球の科学で考察すべき一番大きなテーマである量子力学も同じです。それも難解この上ないと言われますが、他の次元の観点から見ると、極めて原始的な理論に過ぎません。

地球上で頂点の知恵だという自覚はどうでしょうか。太陽系の他の惑星、そして太陽系を超えた他の銀河系、他の宇宙において自覚は常識であり、すべての基礎となるものです。自覚は地球という小さな井戸の中から脱出できる唯一の道であり、方法ですが、奥深くて難解な学問でもなく、勉強でもありません。宇宙的な観点では、ただの常識と基礎だというのです。

私が私を知ることとは、あまりにも当たり前のことです。私が私を知らないのは、とんでもないことです。しかし、これは長い歳月の間、地球上で起こっていることです。

現在、地球と外界文明との交流がない理由はここにあります。それは格段な意識水準の差異にあるのですが、その差異の核心は、私を知っている存在たちと私を知らない存在たちにあるのです。それは一昔前の、文明がまったく届いていなかったアフリカ奥地のブッシュマンたちと文明人たちとの差異より、もっと顕著な差異なのです。

人間が地球上に存在している理由は何でしょうか。学校に通い、教育を受けて卒業をし、仕事に就いてお金を稼ぎ、配偶者に出会って子供をもうけ、家庭を築く――そんなことのためにここにいるのではありません。霊魂の成長、すなわち悟りのために、この物質である地球に存在しているのです。物質世界で展開される最後の段階、すなわち霊魂が物質世界で到達できる最も高い段階は人間です。人間は物理的宇宙で進化できる最高の頂点であり、霊魂が物理的宇宙で最後の体験をするために使うことになる形象です。

一人の人間として、霊魂は可能な限りあらゆる経験をしなければなりません。一度の人生は進化の過程で非常に短い時間に過ぎず、物質地球で必要なことを学び成長するためには時間が足りません。したがって、霊魂は必要な経験をするために、数百万年にわたって人間としての転生を重ねるようになったのです。

けれども当の人間は、転生期間の大部分で不必要な人生の経験ばかりを繰り返しています。人間にとって最も重要な経験、すなわち悟りの旅程はほとんど皆無でした。地球上の歴史は先祖たちの話ではありません。歴史は私たち自身の話です。なぜなら私たちは、過去世では先祖たちだったからです。私たちはおのおの、多くの異なる人物で、また男性と女性、他の多くの人種で、多くの国で、数え切れないほど多くの環境と状況の中で生きてきたのです。そして、私たちは戻ってくるたびに新しい身体と新しい心を持ってきましたが、依然として過去の習性を繰り返すカルマが足かせとなり、自由を得ることはできませんでした。

霊魂を物質世界に縛る〝カルマの法則〟

霊魂が地球のような低次元の物質世界で長い歳月を過ごさなければならない理由は、カルマです。縛っておく道具がまさに〝カルマ（業）の法則〟であり、これが重力の法則と同様に私たちをここに捕まえ、輪廻の経験を通して霊魂の存在を悟るようにさせるのです。

カルマの法則は見えませんが、カルマがどのように存在するかを知らなければ、それだけ長い間、私たちは物質世界に束縛され留まらねばならないというのです。人間はカルマ的な負債を作り出すことによって、必ず物質世界に戻ってこなければなりません。なぜなら、カルマ的な負債を返すために再び転生しなければならないからです。

一人の人間として多くの転生をする間、霊魂はカルマの足かせに陥るしかありません。皆さんは過去世で貧しい者、裕福な者にもなり、強い者、弱い者だったことも、有名人にもなったことがあります。また、健康な人にも障がい者にもなってみて、知的に鋭い人にも、そして鈍い人にもなってみました。そのような無数の身体を取り替える過程を経てきたのです。

そして今、人生を締めくくりながらどこに向かっているのか、物質世界を超越して存在する世界は何なのかについて、真剣に答えを求める時期がやってきています。そして、それに対する答えは世の中にありはしないということを、徐々に悟るようになっています。そのときから自分自身、自分の考え、自分の感覚、自分の意図を自覚し始めます。そうして間もなく、真理を求めて物質を超越した世界を意識的に探求し始めるようになるのです。

現在の宗教には真理と解答が存在しないため、私の霊魂は今以上には満足しなくなります。霊魂として初めて、その答えを世の中からではなく、私から探さなくてはならないという勉強の準備ができたのです。

すべての惑星には惑星霊という神霊たちが存在する

私たちは目覚ましい科学文明を築いたと思っていますが、彼ら（外界の存在）の観点では、物質の時空間で繰り広げられるマトリックス（仮想現実）で彷徨っている哀れな存在でしかありません。

この地球上でも、アフリカ奥地の片隅で裸足で槍を持って狩りをする原始部族がいます。

彼らには文明国家の超音速戦闘機や核弾頭という武力は想像できないと思いますが、外界文明と地球文明の間には、それ以上の顕著な差異が生じています。それは差異とも言えない比較です。創造主と被造物との比較、プログラマーとプログラム内の登場人物との比較だからです。

たとえば、彼らは物質を完全に克服して、自分たちの意図によって物質を考えの質料として使用します。自分たちの意図通りに物質の波動を変え、他の形態に作り変えることができるのです。したがって物質的な時空間の影響を受けず、物質に対する制約も限界もありません。物質の特性である生老病死の頸木《くびき》もなく、物質が持っているエネルギー場も思うがままに変えることができます。

核爆弾で彼らを攻撃しようとしても、爆弾のエネルギーは彼らにはまったく伝わりません。彼らはただ通過させることもできれば、そのまま反射させることもできます。重力場を随時、変えることができるからです。

『スターウォーズ』という映画は、銀河系の中で二つの勢力が反目し、宇宙船同士で戦闘を繰り広げます。主人公が乗った宇宙船が相手の宇宙船を追いかけ、照準を合わせてレーザー銃を放ち、相手の宇宙船を爆破します。そして主人公は喜悦に満ちた勝利を満喫する——これがまさに、地球人たちが地球人のレベルに合った想像を駆使して作ったストーリーであり、映画なのです。

よく考えてみてください。エネルギー場そのものを変えてしまう存在たちに、レーザー銃がどうして彼らを脅かす武器になり得るでしょうか。文字通り、卵を岩に投げつけるようなものです。幻想が真実を凌駕できないのは当然です。

現在、地球はこのようなマトリックスの中にあります。物質が絶対的に堅固だと信じ、その信念に閉じ込められて物質を経験している世界です。彼らにとって物質は考えです。そして、それが真実です。

宇宙には数多くの惑星があります。そしてまた、地球が属しているような宇宙が数え切れないほど存在しています。このような宇宙と、その宇宙に属している惑星たちの文化について話すのは、砂浜にある砂粒を一粒ずつ数えるようなものです。この全宇宙のすべての惑星には、偉大な段階に至るまで進化を繰り返しているという宇宙の法則が存在するのです。そして、偉大な段階に至る第一段階が、まさに自分に対する自覚だというのです。

惑星の生命体がどのような形態、姿になるかは、その惑星に居住する霊魂たちの霊的成熟度によって決定されます。個人が霊的に発展すればするほど彼らの肉体の形は単純になり、彼らの暮らしは複雑になりにくく、物質的な技術に依存しにくくなります。そして、心を通じて作用する霊魂の本能的な力が現実に現れるようになってきます。

初期の惑星の暮らしは原始的ですが、やがて技術が出現してだんだん複雑になります。その惑星は、私たちが今日、地球で発見している類似の物質技術段階に到達します。物質的段階の最終的な姿は、他の進歩した惑星で見ることができますが、それは非常に単純です。物質から脱皮することが徐々に増えるためです。そのような過程を経て物質を克服する段階に至ると、惑星自体が物質界から別の波動の世界、すなわちアストラル界に変わるのです。


地球の科学者たちはこのように主張します。

「地球以外の惑星には酸素が不足し、生命が存在しにくい。窒素や二酸化炭素で満たされ、しかも他の惑星は地表面が摂氏数千度に達する高い温度や、逆にマイナス数百度に至る温度になるなど、到底生命が住めない環境だ」

そのような地球の科学者たちの考えは、盲目の人が象の一部分を触って、象の形について早まった断定をするようなものです。

地球はもちろん特異なところです。何をもって特異なのかというと、現在、地球が属している太陽系や他の太陽系、そして他の宇宙でもめったに見られない、物質的に必要なものがバランス良く用意され、うまく整えられたところです。つまり、物質の経験を研修するのに適した環境に作られたセット場だということです。

しかし、文字通り物質経験をする研修所であるだけで、生命体が存在する唯一の惑星でもなく、多くの進化を遂げた惑星でもありません。なぜなら、物質経験は存在界の最も基礎的な経験であり、最も低い段階の経験であるからです。

太陽系の他の惑星にこのような物質的なセット場、言い換えると肉体が存在するために必要な空気、温度、水などの環境がすべてなくなったのは、他の惑星では物質の経験が必要なくなり、物質的な環境を作り出す創造活動を中止したからです。

宇宙に存在しているすべての惑星は、惑星自体が自生力を持っています。すなわち惑星は、生きて動いている有機体だというのです。したがって、惑星は自らが必要だと感じたら、そのような肉体を持った生命体の環境を造成することができます。つまり、いくらでも作り出すことができるのです。

この話は、今はまだ理解しがたいかもしれませんが、惑星は巨大な生命体です。惑星自体が巨大な意識を持っています。たとえば地球の山には数多くの植物や岩、土があり、昆虫や動物たちが生息しています。そして、何より大切な山神霊という山の霊的な生命体が、物質の均衡と調和を管理しています。また、エーテルという大気のエネルギー源がなければ、物質生成は起こりません。

わかりやすく言うなら、肉体に霊魂が宿って肉体の活動が維持されるように、山にも野にも海にも、それに相応する霊魂がいるのです。同じように、地球にも地球神霊という巨大な霊魂がいます。すべての惑星には、惑星霊という惑星の神霊たちが存在するのです。

彼らは惑星内にいる存在たちに、それらの意識水準に合った環境を提供します。物質的な経験が必要な存在たちがいるところには物質界の環境を提供し、アストラルの経験が必要な存在たちにはアストラル界の環境を造成します。

ですから、他の惑星に物質的なセット場がないからといって、「そこに生命体はいない」「他の存在はあり得ない」と断定するのは誤りです。それはただ、肉体的な形態の生命体や存在がいないだけで、彼らは別の形態をエネルギー源として存在しています。物質環境に適したセット場は、彼らにはもはや必要ないのです。

肉体から抜け出して霊的世界を経験し、物質世界を超脱する

地球の肉体を持つ人間がアストラル界、すなわち霊的な世界を経験するためには、肉体から抜け出さなければなりません。言い換えれば、死んで霊魂になって初めて可能なのです。けれども、生きている状態で肉体を抜け出て、霊魂の旅行を通して霊的世界を経験できるようにさらに進んでいくと、そこからもっと進歩した意識・霊魂の段階では物質を理解して自覚し、物質の根源となる創造の過程を体得するようになります。

すなわち物質の根源である意識を会得して、物質に対する完璧な統制をするようになるのです。そのときは、もはや物質の支配を受けません。物質に対する制限も限界もなくなり、自分の意識で物質を調整して支配することができます。もう物質に従属するのではなく、物質の主人になるのです。自分の意識、意志の力で、いつでも、いくらでも物質を創造して変化させ、消滅させることができます。物質に対する超脱が起こるのです。物質の波動に直接影響を与え、物質の状態を霊的な波動の状態に作り変えます。そのとき私の肉体は、もはや物質的な肉体ではありません。物質の属性である生老病死と成住《じょうじゅう》壊《え》空《くう》が消えた霊体へと変貌

するのです。

数多くの宇宙に数多くの惑星があります。そしてそこには、それぞれの生命体（意識体）たちが存在しています。その中にはいまだ地球のように、物質的な時空の限界と制限に閉じ込められて生きている存在たちもいます。また、前述したように、物質を超脱して違う形態のエネルギー源の世界に生きている存在たちもいます。そして、それよりさらに高い波動の世界に生きている存在たちもいます。いわゆる神の意識に到達した存在たちが臨在しているところです。

物質の世界から物質を超脱した霊的波動の世界を見ると、実は彼らは、私たちが言うところの神や造物主のような能力と知恵を駆使しています。一瞬にして物質を創造し、消滅させ、変化させることが、いくらでもできます。また、物質的な時空にまったく影響を受けないだけではなく、むしろ物質の時空を新たに創造することもできます。

このように、地球人の観点から見ると神に近い能力を駆使する彼らさえも、さらに成長していく進化の旅程に向かっているのです。彼らは物質の時空を克服したおかげで、人間としては想像もできない神々の世界、すなわち超越界の扉を叩くことができます。そこで彼らのリーダー格であるいくつかの霊魂が、神の意識から直接教えを受けます。そして、その教えをその惑星のすべての存在と一緒に共有します。そうすると、その惑星のすべての存在はますます意識的に目覚めて成長し、進化します。

物質的なセット場で、物質の儚い経験を通して自分の本性を見つけなければならないにもかかわらず、地球人はそうできないでいます。大多数が物質の奴隷になり、物質の頸木から抜け出すことができません。このように、輪廻を繰り返している地球人たちとの旅程と比べると、それこそ雲泥の差です。そして、その格差はますます広がっています。

宇宙の偉大な法則の一つである〝不干渉〟

宇宙の法則は調和と均衡、そして不干渉です。現在の地球人たちは調和と均衡をわかっていません。概念すらも、まだ理解できていません。ですから、地球人にとって、調和と均衡について論じるのは時期尚早です。

不干渉は宇宙の偉大な法則の一つです。その法則は全宇宙のあらゆる惑星で、すべての存在たちに適用される公平な法則です。それは自我実現と神性実現に向かう霊魂の旅程において、いかなる外部からの干渉も受けないということであり、各個人のための自由意志を尊重するという意味です。

数多くの宇宙とそれぞれの宇宙に属する数多くの惑星にはそれぞれの進化過程があり、その惑星に存在している存在たちもやはり霊魂の進化旅程があるため、他の宇宙、他の惑星と他の存在たちは互いに干渉しません。

それは現在、地球上の多くの国や社会、個々の人々が、まだまだ学ぶべき必要のある重要な教訓です。干渉は、支配欲に支配された支配階層の利己的な性向から始まったものです。不干渉主義は、各個人のための自由の霊的法則です。誰であれ、各個人の進化旅程に干渉してはいけません。それはつまり宗教、思想、理念、個人を偶像化して、彼らの理知を麻痺させ、従属化させる行為は間違っているということです。

「私以外の他の神に仕えるな。いかなる偶像も作らず、それを崇拝するな」

これはキリスト教の十戒に出てくる言葉です。

モーセが祈りを捧げにシナイ山に登ったとき、モーセは燃える柴の近くでエホバ（真の神さま）に会ったといいます。そのとき、エホバがモーセに直接自分の名前を教えるのですが、その名は「私は、自ら存在している者」でした。原語のヘブライ語を英語に訳せば「I am that I am」ですが、日本語に直訳すると「我は、我たる者」となります。

その言葉に対する正しい解釈は「私は、私を在るようにしている私だ」です。神さまを指し示すエホバ（ヤハウェ）は古代ヘブライ語の「エル（EL）」からきていますが、エルの意味は創造者ではなく「創造を在るようにしている者」です。それで旧約聖書の『出エジプト記』では、神さまを「すべてを存在させている、そのお方」と表現しています。

私とは誰でしょうか。私が存在する以前にもいた私、私を在るようにしている私、私を作り出している私、すべてを存在させている創造性であり創造主である私。そうです。私以外に、他の神に仕える必要はありません。いかなる偶像も作り出さず、それを崇拝する必要もありません。誰がそのようなことをしているのでしょうか。

宇宙の法則である不干渉が示唆している、もう一つの意味はこうです。

不干渉とは、他人に対する干渉と合わせて、自分に対する干渉を許容するなということです。すなわち「私の問題で、神と偶像を私の内に引き入れるな」ということです。それは、私の問題は他人が解決できるものではなく、ただひとえに私自らで解決しなければならず、完全に私の努力でのみ成就しなければならない、という教訓が含まれています。

言い換えれば、他人からの独立、すなわち自立です。これは私がしなければならないことであり、私だけができることです。真の神さまも、神の意識に到達した存在たち、お釈迦さま、師匠も私に代わることはできません。ひとえに私自らの努力でのみ可能です。不干渉はまさに私自身に対する話です。

神を崇拝し、仏に仕え、宗教を信じて信仰を持ち、指導者に従い神格化して、心が変われば乗り換え、非難をする――それらはすべて、私が干渉を許容してしまったからです。私の問題に外部を引き入れたのです。それらに私を干渉させたのです。私は今まで、私の主人として生きたことがないのです。

そのように私が引き入れたものたちが私の主人になりすまして、私は自ら、それらの奴隷に身を落としたのです。奴隷の身分では自己実現、自己を具現化することはできません。なぜなら私の意志がないからであり、私の自由がないからです。私の許容と選択によって、いつもそのようなものたちに縛られていて、従属しているからです。

時空間が存在する宿命界、すなわち輪廻の足かせから抜け出るためには、私が作った偶像から必ず独立し、自立しなければなりません。私の霊魂がしっかりと私自身に根を下ろすためには、そのようなものからの、私に対する徹底した不干渉が行われなければなりません。

まさにそのような偶像と幻想に対する束縛がなくなればこそ、可能であるからです。そのとき初めて霊魂としての自覚、悟りを通した自分の正体性を発見するのです。自己実現、言い換えれば完全に私自身を具現できるのです。

あらゆる束縛から抜け出た私
すべてから自由な私
いかなるものにも影響されない私

これが神智学でいう宇宙意識、神の意識が存在する高次元の霊的世界です。そこで霊魂は完全な自覚状態に留まるようになり、私の意識が宇宙意識、神の意識と同じだということを悟ることになります。

しかし、そこで霊魂の成長が終わるのではなく、その上にはさらに多くの世界が存在します。一つの世界の終わりは、また別の世界の始まりです。永遠に進まなければならない段階が常にあるものです。けれども、いつからか大宇宙とともに意識的な共同創造者になることのできる資格と選択が付与されることになるのです。

〝類は友を呼ぶ〟ことで集まり、カルマによって離れる

ウエサク祭はマイトレーヤー（弥勒仏）をはじめとして、シャンバラの多くの大師とそのチェラ（弟子）たちと許可を得たラマ僧および求道者、そして長い霊的成長を遂げ覚醒した意識を持って霊体旅行ができる霊的能力者たちが参加する行事だと前述しました。しかし、数々の前世にわたってその祝祭を参観したことがあるにもかかわらず、今世に輪廻してきている方々がいます。

そうした方々はまた悟りを求め、本書のような本に辿り着き、こういった話に深く共感を覚えるようになります。それはやはり宇宙自然の法則の一つである〝類は友を呼ぶ〟の原理に根ざしたものです。

周易《しゅうえき》の『繋辞伝《けいじでん》』にこのような言葉が出てきます。「森羅万象はその性質が類似したもの同士で集まり、万物は群れを成して分けられる」。その通りです。人間は、霊的水準と意識水準が似た者同士で集まるようになっています。ただ長い輪廻を重ねて積もったカルマ（業力）がバラバラで、その作用により、共にする期間が一定ではないだけです。

具体的には、人間は三つのカルマ形態の影響を受けるのですが、その一つが現在の私と私の周辺の関係から発生する進行形カルマです。進行形カルマとは文字通り、今現在の私の心、私の意識、私の意志、私の個性が頻繁に作り出す、原因結果の法則で作られるカルマを言います。

残るカルマの一つは最も根源的な私の霊魂の出身階層で、もう一つは過去世から輪廻を重ねて作られたカルマ、すなわち業力を言います。

ここで出身階層を論じるのは、すべての霊魂は、その根本は偉大な神さまの資性を持っている同等な霊魂なのですが、肉体の経験が地球で始まる前の霊魂の前歴は、やはりそれぞれバラバラだからです。

中国の春秋時代に、斉の宣王《せんおう》は臣下の淳于髡《じゅんうこん》に命じて、各地方にいる人材を探して登用するようにしました。しばらくして淳于髡が七名の候補者を連れてきたので、宣王が「人材を一度に七名も探して連れてくるなんて、多すぎないか」と言ったところ、淳于髡はこのように答えます。「陛下、同じ種類の鳥が群れを成して生きるように、人材も似た者同士集まるものでございます」

〝類は友を呼ぶ〟に従って集まった人たちもさまざまなカルマを持っているため、自分の考えに陥り、自分で作った考えの僕《しもべ》になって離れていくことは多々あります。勉強において外部からの不干渉の法則が守られない限り、前世でも現世でも、考えが堂々巡りするのは同じなのです。

私の固執は考えによって維持されます。それで固執はずっと考えを起こし続けます。自分が存在するためにです。あれこれの理由、あれこれの言い訳、あれこれの弁明を並べますが、そのすべての原因は私にあります。私が私の中に、そのすべてのものを引き入れたのです。私が掴み、私が引っ張り、私が執着したのです。そしてそれらは私を調整するようになったのです。

友達、家族、同僚たちを、現れた肉体や心、意識の状態や態度、あるいは低い属性などで判断する愚を犯してはいけません。そのような要素はすべて人間の本来の姿ではなく、一時的な仮面に過ぎないのです。それぞれの生き方は霊魂そのものを表現しているのであり、私たちは他の人々の人生のすべてを、頭で判断する代わりに心で理解しなければいけません。皆さんが他の人々の人生に害を及ぼせば及ぼすほど、他の人々が皆さん自身に差し障りを与えることになるでしょう。それがまさに、行為における〝カルマの法則〟だからです。「他の人々が必ずこのようにならなければいけない」「ある規範や態度を持つべきだ」と信じるのは、結局は干渉や衝突を招くことになるのです。

最も理想的なのは、他の人々を彼らなりの独特さを持った個人として、またはその人だけの教訓を経験している霊魂として受け入れることです。他人の同意なしに自分の考えや見解を一方的に強要したり、無理矢理助けて忠告することは正しいとは言えません。他人の行動が間違っていると思う私の考えを主張することは、もっと未熟です。他の人々がなぜそのように行動し、考え、感じるのかを理解するために努力することは、ただ彼らを裁くことよりもずっと有益です。それはまた、相手が自分自身について理解するのを助けることにもなります。

過去のカルマに基づいて現在の環境が作られる

私たちはカルマというと、よく因果応報という言葉を思い出します。すなわち自分が犯した過去の行為に対する結果を受けるということです。しかし、過去の自分の行為は、いい行為も悪い行為もあったため、カルマという言葉は必ずしも否定的な意味で使われるわけではありません。

言い換えれば、善良で良いことをしたら、それに対する良い結果が付いてきて、良からぬことをしたら悪い結果が付いてくるのです。ですからカルマという言葉は文字通り、業報すなわち自分の行為に対する結果を言うのです。

過去にお釈迦さまは「世の中のすべての現象は、数多くの原因と条件が相互に関係して成されるので、独立自尊的なものは一つもなく、すべての条件、原因と結果は互いに依存しながら相関関係を成しているのだ」とお話しになりました。それが縁起の法の根幹を成すようになったのです。これがあるからあれがあり、これが生じたのであれが生じる。それ故に、これがなければあれはなく、これが滅びればあれも滅びる。これが縁起の法の核心哲学です。

しかし、お釈迦さまは後日こんなお話をなさいました。

「縁起とは、悟れなかった衆生たちが経る生と死の過程を因果的に羅列したものに過ぎない。私は十二縁起（縁起の法）を深く思惟して考察した末に生老病死の苦痛から抜け出し、悟りに進む道を発見し、禅定修行を通して体験し、悟りを得ることで、とうとう解脱を成し遂げた」

お釈迦さまのお話を整理してみると、縁起の法、すなわちカルマと因果応報は存在しますが、世間の法則としてのみ存在するのであり、宇宙の絶対的な法則ではないということです。言い換えれば、悟りを得た人は肉体的な意識圏を抜け出ていて、もう物質界の経験を必要としないので、これ以上世間のカルマの影響を受けないという結論です。

カルマはこの世の法則です。すなわち世間に出れば、必ず適用される法則です。それはまるで物質世界の重力のように、世の中においては絶対的な法則です。それ故に鍵は、この世に生まれることにあるのです。

この世に生まれることの目的は経験、体験、目覚め、自覚、成長にあります。しかし、ほとんどの人は、人生において最も大事な目覚めと成長を遠ざけたまま、欲望的に物質の経験・体験の追求ばかりをすることになります。それらが再び生まれ変わる理由と原因になり、繰り返し生まれ続けるのです。欲求と執着による転生、すなわち輪廻の足かせに陥るのです。

この世に再び戻ってくるとき、過去の記録は決してなくなりません。たとえ誕生して乳飲み子からまた始めるとしても、赤ちゃんの霊魂と肉体の遺伝子には、過去に生きてきた人生の記録がすべてそのまま凝縮されています。これがいわゆるカルマです。過去のカルマに基づいて現在の環境が作り上げられ、その環境で起こってくる状況に自分がどのように対処するかによって、また別のカルマが形成されます。すなわちカルマは雪だるまのように、より大きくなってさらに積まれていくのであって、決して消滅したり減ったり、小さくなったりはしません。

カルマは過去の私の人生の集合体です。今の人生ではなく、過去の数千、数万の無数の人生の集合体です。それ故に、現在の私の考え通りには動いてくれません。なぜなら、現在の私の考えより、非常に大きい過去の私の意識の集合体である無意識の支配を受けるからです。それをカルマの業力と呼びます。大きくなるだけ大きくなった転がる雪だるまを停止させるのは、至難の業です。このような理由で、この世に再び生まれたら、もう一度同じような人生をクルクル回るしかないのです。こうして今までずっと輪廻を重ね、数千、数万回になったのです。

結論を言いますと、この世の中でカルマを抜け出るのは不可能です。カルマで作られた世の中を、どうやって抜け出すことができるでしょうか。世の中に生まれた以上は不可能だということです。カルマを抜け出すたった一つの方法は、二度と生まれないことです。

カルマはこの世で均衡と秩序を維持するための法則

カルマは因果応報の法則ではありますが、報復と処罰のための法則ではなく、均衡と秩序を維持するための法則です。そして、その均衡と秩序は目覚めのために存在しています。それ故にカルマは、加害者と被害者が変わるわけではありません。もちろんそのような場合もありますが、必ずしもそうではありません。カルマにおける鍵は、対象ではなく行為が大事なのであり、さらにもっと重く作用するのは行為の意図するところです。

たとえば、ある殺人者がいるとします。殺人を犯した理由はいろいろあるでしょう。強盗、痴情、復讐、これといった理由のない無差別殺人もあり得ます。そして、過ちによる過失致死もあります。とにかく、それによる被害者が生じました。すると殺人者は今世で一度、法の処罰を受けます。死は死をもって償わねばならないと死刑になる場合もありますし、長い間刑務所に入らなければならないかもしれません。あるいは相対的に軽い処罰で済む場合もあります。

では、処罰の重さがどうであれ、処罰された殺人者にこれから繰り広げられるカルマはどのようなものになるのでしょうか。殺人者の次の人生が始まったら、自分によって殺された被害者に殺害されるカルマが待っているのでしょうか。それとも、縁起の法の論理によって原因のない結果はないので、過去の人生において被害者から何らかの被害を受けていて、この人生で殺人という仕返しをすることで、二人のカルマが相殺されたのでしょうか。

前述したように、カルマというのはその焦点が対象に合わされているのではありません。行為の意図が大事なのです。自分の利己的な欲心により他人の所有と自由、権利、そして大切な生命を奪う行為は、均衡と調和を指向するカルマの法則に反することは言うまでもありません。そのような利己的な行為はカルマの法則に抵触します。そしてその人自身は、それに対するカルマを受けることになります。

カルマの正確な基準は心にあります。言い換えれば、カルマの秤は行為を量《はか》るのではなく、その人の心的状態を量ります。ですから、カルマはより恐ろしく執拗なのです。

この言葉がどういう意味かというと、私がある人に加害行為をしたときに、被害者はそれによる苦痛を受けます。加害者が残忍なとき、被害者はより酷い苦痛を受けることになります。カルマはまさに、そのような心的状態を量るというのです。すなわち相手に苦痛を抱かせた分だけ、後日、自分も同じように苦痛を受けるように計画されるのです。加害者としてわからなかった被害者の恐怖と苦痛を、自分が被害者の立場になって受けるのです。

これは因果応報の法則ではありません。私が被害者になってみることで、被害者の恐怖と苦痛がどのように残酷なものかを経験するとき、その被害者はもうこれ以上、加害者の位置に立たなくなるでしょう。なぜなら、そのむごたらしい経験が霊魂と肉体の遺伝子に深く刻まれるからです。

このように、加害者と被害者が互いに入れ替わる経験をすることで、同じ経験を繰り返そうとしなくなります。加害者と被害者が再び入れ替わる形にカルマは進まないということです。被害者は次の人生で、もう加害者にはなりません。加害者は次の人生で被害者になりまず。それは、元の被害者に会うのではなく、新たな利己心に満ちた殺人者に出会うことになるでしょう。自分も被害者になることで、次からの人生では加害者にならないのです。

しかし、ほとんどの人が輪廻することになる主な理由は、このような行為の借りを返すためというよりは、欲求と欲望にあります。

今世での加害者が次の人生で受けるカルマはさまざまな可能性があります。必ずしも殺されるわけではなく、先天的な身体的欠陥を持って生まれたり、自分が最も大切に思うものの喪失など、それによって私たちが、いわゆる不幸だという類いの人生を経験することになるというのです。そこには、全財産を使い果たすなど金銭的な損失も含まれます。

このように、カルマはさまざまな形の結果を提供します。その目的は均衡と秩序であり、その最たるものは目覚めを通した成長にあるのです。けれどもカルマは依然として世間の法則に過ぎず、宇宙の絶対的な法則ではありません。

ある殺人者がいました。その人は一人や二人ではなく数百人、数千人を死に追い込みました。戦場で将軍の身分であり、直接数多くの人命を奪った人もいれば、黒魔術を使って数多くの人を殺した人もいます。そのような部類の人々が受けるべきカルマはどうでしょうか。殺した人の数だけを突き詰めたなら、おそらくこの人は数百や数千の人生にわたって、そのカルマを返さなければならないでしょう。

しかしそれにもかかわらず、その殺人者はその当時、過ちを改めて善に帰り、さらに進んで深い自覚を通して悟りを得ました。彼は解脱したのです。彼はそれ以上、肉体の経験は必要ありませんでした。彼には転生の選択権がありましたが、結局別の次元の経験を選び、地球には戻ってきませんでした。

このような場合、彼が地球上に返さなければならないカルマはありません。カルマはあくまでも地球の法則、すなわちこの世の法則だからです。

それでお釈迦さまは「縁起（カルマ）とは、悟れなかった衆生たちが経る生と死の過程を、因果的に羅列したものに過ぎない」というお話をされたのです。めったにないことですが、他の次元の経験の選択権を与えられているにもかかわらず、それを選ばずにもう一度地球に戻ってくる少数の悟った霊魂も存在します。

もし、彼が再び地球に転生したとしたら、かつての彼の行為によるカルマは再び作動します。ですから、非常に酷烈な代価を払わなければならないのです。それにもかかわらず、自分が行った業報がありながら「人々を悟らせる一助となる献身的な人生を送るぞ」という崇高な理想を持って生まれてくるため、彼は多くの世間の試練に耐えることができるのです。

また、一度の悟りは決して忘れられるものではなく、そんな部類の霊魂たちはほとんどが生而知之（生まれながらにしてこれを知る。生まれながらに悟った状態を言う論語の言葉）でこの世にやってくるのです。しかし、この世でのカルマの作用が依然として強力であるため、自分が望むような成功をすることは一回の人生だけでは非常に難しいのです。それで何回かの転生を試みる悟った霊魂もいます。

カルマは、この世では明らかな実体の作用ですが、それもまた瞬間ごとに心の作用に影響を受けている関係で、固定された実体というよりは融通性を持つ場合もあります。

カルマは表面的な観点では、世間での均衡と秩序を維持するための法則だとお伝えしました。たとえば道路には信号機があります。数多くの車が四方から走ってくるので、整理するために信号機が作られました。信号機によってドライバーは衝突を避けて運転することができます。もし信号を守らなければ、衝突の危険があります。歩行者の信号もまた同様です。信号を守らない場合、事故に遭う可能性があります。しかし、そのような危険を冒してでも交通違反をする車両や歩行者がいます。

カルマにはそのような属性があります。すなわち、違反が可能な法則だということです。そして驚くべきことに、しばしば偉大な師匠たちやシャンバラの大師たちも、極めて稀にですが、そういった違反をするという事実があります。

悟りの道は自我を諦めなければいけない狭き門

レオナルド・ダ・ヴィンチが描いた『最後の晩餐』という絵には、イエスさまと弟子たちが集まって夕食をとる姿が描かれています。この絵はイエスさまが十字架刑にされる前日に、弟子たちと最後の会合を行ったときを描いています。この席でイエスさまは弟子たち一人一人の名前を呼びながら、これから起こることについて、前もって話しました。

「ある弟子は私を裏切り、ある弟子は私を否認し、逃げるだろう」

イエスさまの十二弟子という呼称が恥ずかしいほど、イエスさまの弟子たちは師匠であるイエスさまを裏切り、逃げました。皆、自分が生きることで精一杯だったのです。

しかし、イエスさまは復活後に、そんな自分の弟子たちを再び捜しました。これはどういうことでしょうか。たとえイエスさまを裏切ったり、否認をしたり、隠れて逃げ回ったりしても、あのお方の言うことを理解する人間は、それでもこの弟子たちが唯一であったからです。

お釈迦さまには十大の高弟がいて、五百羅漢と呼ばれる篤実《とくじつ》な弟子たちがいたと経典に記録されていますが、彼らはお釈迦さまの涅槃の後、皆バラバラになり、なんとか迦葉だけが数十人の弟子たちと一緒に教団の命脈を維持しました。

しかし、迦葉が涅槃に入った後、お釈迦さまの教団はほとんど解体されました。仏滅後、九百年が過ぎてから、ナーガールジュナ（龍樹菩薩《りゅうじゅぼさつ》）により仏教は再確立されたのです。

それでも経典にあるのは、お釈迦さまが弟子たちに説法した内容ばかりです。なぜでしょうか。当時お釈迦さまの法文《ほうもん》を理解できた人も、やはりお釈迦さまの弟子たちしかいなかったからです。イエスさまもお釈迦さまも、そろって選択の余地がなかったのです。

このように、弟子を集めることが難しいのはなぜでしょうか。自覚の道、悟りの道、解脱の道は遠い道ではありませんが、自我を諦めなければならない狭き門であることには間違いないからです。どうせ死の前では諦めなければならない肉体的な自我なのですが、生きてエゴを捨てるということ、言い換えれば生きたままで死ぬというのは、それほどまでに難しいことなのです。

人類の人口を五十億基準としたとき、千人程度が狭き門を通過して輪廻を抜け出ます。地球上の人類のうち〇・〇〇〇〇二パーセントが成功するのです。そんな理由でお釈迦さまは、一人の成功する弟子を探すために一万人を呼んで教えるという話をなさったのです。

「一万人を呼び集めれば九千人は耳を貸さず、千人だけが耳を傾ける。
千人中の九百人は理解できず、百人は理解する。
百人中の九十人は行を行えず、十人は行を行う。

十人中、九人は到達できず、ただ一人だけが到達する。
私はその一人のために一万人を呼び集める」

まともな弟子一人を探すためにインドから中国に渡り、洞窟の中で九年間待った達磨大師も、またこれと変わりません。

イエスさま、お釈迦さま、そして大師たちの弟子になっても自我に対する執着を手放せず、最後の関門を越えることができず、また再び輪廻の車輪を回る弟子たちのために、カルマの違反を押し切ってでも、弟子たちを捕まえようとする大師たちの哀歓が感じられます。

私の推測では、現在、地球上で自覚を理解して受け入れながら、自覚の道に入った人々は三千人ほどだと見ています。人類の人口に比べて極めて少ない数字です。求道の道に入った者は多いのですが、私自身を見る自覚の勉強ではなく自分の考えに陥って、またもや浮雲を掴んで無駄足を踏んでいる人がほとんどです。

偉大な師匠や大師が犯すカルマ法則の違反

イエスさま、お釈迦さま、大師たちはなぜ、それほどまでに弟子たちに執着するのでしょうか。それは、他の人とは対話にもならないからです。同じ人間であっても対話にならなければ、その瞬間だけは同じ存在とは言えません。互いにまったく違う存在になるのです。ただ対話になるとき、初めて同じ存在だと言えるのです。

肉体は同じ波動にあったとしても、精神的な波動が違えば、一緒に暮らしていたとしてもまったく違う世界に住んでいるのと同じです。肉体を抜け出ると、そのような事実は克明に現れます。波動が違う世界は完全に別の次元になるのです。

このような理由から、師匠の立場では、それでも対話になる存在である弟子たちに執着するしかないのです。カルマの法則に違反してまでもです。

あの方たちが破るカルマの法則の違反は、自我を捨てることができず、再び輪廻の足かせに陥ってしまう自分の弟子たちを、転生で介入するというものです。つまり、死後に自然の摂理通りに霊的生活に陥って、時がくれば転生するその時点を、人為的に期間を調整して短縮するということです。

なぜなら、まともな師匠の弟子たちは、たとえ今の人生では自我を抜け出すことができず、再び転生するとしても、既にほぼ目前まで悟りに至った高級霊魂たち、すなわち成長した霊魂たちです。彼らが肉体から抜け出ていく先は、いわゆる天国というところです。それは生前に自覚があったからです。生前に自覚があった人となかった人の違いは、天と地ほどの違いがあるのです。

成長した霊魂たちが死後に行くのは、いわゆる安息の世界です。それなりに平安なところです。彼らは相当な期間、そこに滞在することになります。地上時間に換算すると千年ほどですが、その期間を超えて留まる霊魂たちもたくさんいます。

偉大な師匠たちと大師たちが地球上に留まる期間は限られています。特殊な発願をした、ごく少数の大師たち数人を除いては、師匠たちは地球上の期間でおよそ千年が経つと、別の超越界へ移動しなければなりません。一度に多くの師匠が共に地球上に留まることはできないのです。その場合、彼らの高い波動によって地球の物質的、霊的生態系が、丸ごと消えてしまうということが起こる可能性があるからです。それで師匠と大師たちは弟子たちの転生期間を短縮させるため、天国（メンタル界）へ行く扉を塞いで、あの世（アストラル界）の世界に秘密浄土というエネルギーの場を作り、そこで弟子たちを待機させながら早く転生ができるように助けるのです。

師匠たちが地球上に留まっている間、それでも対話ができる弟子たちを素早く転生させ、もう一度勉強させてみようとするのです。このようなことは明白なカルマの法則違反です。赤信号を無視して歩道を横断するようなものです。

ところが、そこのエネルギー場で弟子たちが待機していても、安心することはできません。天国の誘惑があるからです。万が一、待機室にいた弟子が天国の波動につながってしまったら、その瞬間にその弟子は天国に吸い込まれてしまうのです。一旦、天国に吸い込まれた弟子は、師匠であっても引き戻すことはできません。自然の流れという自然の摂理があまりにも強力だからです。弟子はまるで深い眠りに陥るかのように、そこで千年以上を過ごさなければなりません。

師匠と大師たちのカルマの違反事例は、カルマを代贖《だいしょく》するものです。代贖とは文字通り、弟子のカルマを代わりに負うことを言います。それは危険極まりないことです。なぜなら、師匠が弟子のカルマを代贖するときの前提条件は、弟子がカルマを受けない代わりに、それに相応する意識の成長を必ず成し遂げなければならないからです。

たとえば一人の弟子が不治の病にかかり、死を目前にしているとします。弟子のカルマは深くて到底治すことができません。弟子は病気というカルマを受け入れなければならず、死を受け入れなければならず、次回の転生を受け入れなければなりません。

ところが師匠は、対話ができる弟子を諦めたくないのです。前に話したように、先々の約束はできないのです。それで、自分で弟子の病気（カルマ）を負う師匠がいます。カルマを共に共有して弱化させる方法です。そうすると弟子は、人生が延長されるその期間に、千年ほどが経ってから成すことができる意識の成長を、すべて成し遂げなければなりません。もしそれができなければ、弟子のカルマである病気はすべて師匠に移っていくことになります。

ダスカロス（本名スティリアノス・アテシュリス。キプロス生まれのヒーラー、霊的指導者）の場合、あらゆる不治の病を治療できる神祐《しんゆう》の力を得ました。しかし、弟子のカルマを代贖することを頻繁にしたため、結局はそのカルマを代わりに受けることになったのです。そのため、一年半を全身麻痺の状態で過ごしてから肉体を離れました。

輪廻は肉体的な人生に対する中毒現象

「耳があっても聞くことができず、目があっても見る人がいない。
耳ある者は聞くがよい、目ある者は見るがよい」

イエスさまをはじめとする師匠たちの、このような言葉があります。まだ自覚を知らない人々は耳を開いて自分のこととして聞くことができず、目を開いて自分を直視することができず、自我を捨てられないまま輪廻を繰り返すことになります。

しかし、偉大な聖者や師匠に会った弟子たちも、依然として自我を捨てられずにグルグルと輪廻を繰り返してしまうのは、どのような理由からでしょうか。彼らは聞くこと、見ることがどのようなことかも知っているし、勉強が何なのかを知っている人々なのにもかかわらず、です。

縁起の法には、このような論理的な説明があります。

生まれることの前提（目的性）となるものは何でしょうか。人生に何かが〝ある〟ということです。何かが〝ある〟からこそ生まれてくるのです。〝ある〟ことの前提となるのは、それを繰り返して所有しようとする執着です。それが忘れられずに、ずっと繰り返し確認しようとして、執着から〝ある〟の意味を探します。もしなければ、執着する理由もありません。執着の前提となるのは〝願望〟です。何かを〝渇望〟することこそ執着の原動力となるのです。

この世の中に転生を繰り返す理由、すなわち輪廻をずっと続ける理由は、肉体的な人生に対する愛着と執着と渇望から始まります。だからといって一～二回の転生ではなく数百、数千、数万回も似たようなことが、いや、ほとんど同じことが繰り返されるとしたら、それは到底、正常な現象とは言えません。それは深刻な病気です。中毒の人生の繰り返しです。輪廻は中毒の中でも最悪の中毒現象です。

たとえ前世の人生をすべて記憶できていないとしても、現在の私の人生を省察してみれば、このような私の人生が今までどれほど繰り返されてきたのかをたやすく知ることができます。現在の人生でも数え切れないほど繰り返しの行為をしている私を見れば、明白です。

そして、私自身をこのように自覚するべきです。「私は本当に正常ではないのだな。私は本当に精神を病んでいるのだな。私は本当に人生の中毒者なのだな」。よく洞察して、このように感じるべきです。「私は今、正気で生きていないのだな」と。

カルマの法則について「ああだこうだ」と論じることが大事なのではありません。「道の世界はああだこうだ」と言うことも大事ではありません。「霊的世界、死後の世界がああだこうだ」と言うことが大事なのでもありません。無条件に私は、今、自覚を通してしっかりとして、人生の中毒症状から抜け出して、正気で生きなければならないということです。地球という巨大な精神病棟で、精神病患者たちと何を共に図ることができるでしょうか。そのような重篤な症状の精神病患者である人類と、何の対話を交わすことができるでしょうか。何の意味も甲斐もありません。患者たちには治療を施すことが急務です。患者は数え切れないほどいますが、よくなる患者はほとんどなく、治療できる医師は極めて稀にしかいないのです。

いくらイエスさま、お釈迦さま、大師や師匠の弟子であっても、自我を捨てることができなければまったく話になりません。過去に求道した前歴がどれほど華やかだったとしても同じです。自我を抜け出ることができなければ、輪廻の足かせから抜け出すことはできません。

自我とは何でしょうか。現在の肉体的な私が、唯一の私だと思っている錯覚です。故に自我とは私の本性ではなく、本性に服を一着、引っかけたものに過ぎないのです。

私は無数に服を着替えることができます。自我は服であって、私ではありません。ですから自我を抜け出ること、自我を捨てることは何でもないことなのです。ただ、着ている服を直視すればいいのです。

実は、捨てたり抜け出る必要もありません。私の本性を知れば服を着ることと脱ぐこと、それもまた大したことではないのです。服が気に入らなければ着替えればいいですし、服に気をつかわなくてもいいのです。服は服に過ぎません。

今まで何度もしてきた話ではありますが、私はこれまで数千、数万回にわたり、現在と同じ肉体の服をまとってきたと言いました。では、私の真正な正体性は何でしょうか。私は数百、数千、数万の自我を作り出す私です。そしてこれまで、そうしてきました。ただ在る私の存在を直視して自覚すればいいのです。それだけです。私が誰なのか、私の本性が誰なのか、見抜きさえすればいいのです。ある別の存在になれというのではありません。他の存在になる必要はありません。私はいくらでも、何でも作り出す存在なのですから。

そのような創造主である私が、どうして私が作った被造物に束縛され得るでしょうか。これは難解な哲学でも思想でもない、明明白白なありのままの真実です。

ここでもう一度、お釈迦さまのお言葉を心に刻んでみましょう。「如夢幻泡影」、現在の肉体的な私は夢の中の水の泡のような存在です。肉体が変われば、私は別の人になります。ですから過去の自分の肉体は、現在の肉体の立場から見れば夢のようなものです。私がもし未来に他の肉体を持つなら、現在の肉体もまた夢にさえも残らない虚しいものです。前世の肉体の記憶さえないのですから——。

それでも皆さんは、たとえ死んだとしても、現在の肉体的な私、そしてそれに属している個性を私だと言い張ります。そしてそのように考え、固執して、行動しながら生きています。現在の肉体的な私が、まるで全部であるかのように錯覚しながら。私たちはこのようにはっきりとした現実、はっきりとした真実に向かい合っていながらも、現実と真実を直視できずにいるのです。

何を勉強するべきですか。
何を知るべきですか。
何を自覚すべきですか。
何を見抜くべきですか。
ひたすら私です。

私の現実、私の真実だけを見ればいいのです。
私が全部なのです。

意識が目覚めていない人の人生は盲目の人の世界

人間の頭脳構造は優れているようですが、実はそうでもありません。極端な表現になりますが、人間の脳の大きさは縦横十五センチメートル、深さも二十センチメートルに過ぎません。たとえば十五センチメートルの定規で測れる長さはどのくらいでしょうか。文字通り十五センチです。現在、宇宙に対する人類の意識水準、つまり理解水準は、十五センチの長さだけを測れる短い定規の水準です。ですから疑問もこの数値の範囲内で生じるのであり、答えを聞いてもこの数値の範囲内でのみ理解ができるということです。

そのため、現在の意識水準に留まりながらすべてを知ろうとする努力よりも、私たち自身に関して、そして私たちが探求できる数多くの私の精神世界に関して、もっと学ぼうと頑張らなければなりません。地球上にこれだけ多くの国家と社会と宗教の紛争と葛藤、複雑な霊的行路が存在している理由は、人類が霊的に未成熟で、いまだに初期発展段階にいるからです。すべて自分の十五センチの定規にこだわっているからです。

この人はこちらの方向を測り、あの人はあちらの方向を測って、互いに自分で測った数値が正しいと言い張ることが論争の始まりになるのです。たった一センチを測ったに過ぎないのに、そのようなことで論争しているのです。それなのに、それが全部であるかのように正しいと言い張り、我を通します。

宇宙の真理は十五センチの定規で測ることはできません。私が肉体的な私だけに固執して、そのような肉体的な意識圏に閉じ込められているとき、私の意識水準は十五センチの定規に過ぎないのです。

今は、私が測ったものが正しい、あなたが測ったものは間違っていると問い詰めるときではありません。たゆまぬ努力で一日も早く自我を抜け出て、無限なる意識の拡張を成したとき、初めて定規の限界を抜け出すことができるのです。

現在、人類の主な関心事は肉体的生存と安楽だけです。そのような人類にとって、死は最も恐ろしいことです。そして、死の恐怖から逃れるために、人間はますます安楽と享楽に執着するのです。そういった恐れを避けるために宗教が作られたのであり、神々が生まれたのです。それにより偶像たちが生のすべてを支配し、人間がその偶像のために供え物を捧げる寸劇が繰り広げられています。

現在の人類は、目の見えない人のように生きています。意識が目覚めていない人間の人生は、盲目の人の世界と変わるところがありません。なぜなら、現在私たちが見るもの、聞くもの、知覚、触感、感情、そのすべてが完全なものは一つもないからです。ごく一部分だけを認知しているということです。その上、認知していることさえも外部の暗示によって歪曲されたり、はなから認知できないものがほとんどです。

街を歩いていると、異様な存在たちが群衆と一緒になって歩いている姿が目撃されます。その中には霊魂もいますが、説明のつかない奇妙な存在もあり、異星人もたくさんいます。それなのに、誰も彼らを認知できません。

異星人は人類がしていることに関心がない

「目に見えるものがすべてではない。目に見えるものだけが真実ではない」という言葉があります。ところが真実はこうです。「まともに見てもいない。まともに見えもしない。まともに見ることもできない」

可視領域という言葉があります。それは人間の目が見ることのできる範囲のことです。言い換えれば、人間の目が感知できる波長は何らかの基準値に限られているということです。たとえばラジオの周波数やテレビの周波数は存在してはいますが、人間の目では観察できません。同じように、感知できる範囲外の周波数であれば、人間の感覚器官では感知できないのです。

現在、地球上には数え切れないほどの異なる周波数があります。その中には電磁波に分類されるもの、霊的なものに分類されるものもありますが、その他にも固有の波動で存在している、宇宙からきた異様なものも多くあります。ときどき報じられるＵＦＯのニュースや異星人たちの存在がこのカテゴリーに属します。彼らは周波数と波長を自由自在に変化させる能力を駆使しています。ですから、彼らは見せたければ見えるようにしますし、見せたくなければ見えないようにします。もちろん、一種の脳波を変調する修練を通じて透視すればたやすく見ることができますが、彼らは見せないことを選んでいるので、人間の目には見えないだけです。

地球上には現在、さまざまな部類の異星人たちが存在し、活動していますが、彼らの選択によって彼らが世間に現れることは稀であり、目撃されたとしても一時的で、しかも地球人と接触することは極めて稀なことです。これは不干渉の原則があるからです。

彼らは、自分たちが地球人と接触することが人類には何の役にも立たないということをよくわかっていて、さらに人類に関心もありません。ただ彼らが求める分野に忠実なだけです。SF映画に登場する爬虫類のような異星人もいますが、彼らもやはり居住環境によってそのような姿形を持つようになったのであり、彼らの科学の発達水準や霊的水準、意識状態は、地球人とは比較にならないほど進化しています。したがって、映画で見るような、地球に侵攻するエイリアンを連想させる怪物とは縁遠い話です。映画はすべて、地球人の意識レベルが作り出した想像と考えに過ぎません。

異星人のほとんどは、地球人より抜きんでた進化の旅程を歩んでいます。前述のように、彼らは特定の関心と研究を目的に地球に来ているのであり、人類と接触するために来たのではありません。それは生態学者たちが生態系を調査して、ただ去っていくのと同じです。彼らの観点から見る地球人たちは未開であることこの上なく、ほとんどが霊的未熟児のように見えるため、現在の地球人には自分たちの助言や忠告は無意味だということをよくわかっているからです。

異星人部族の中には、短くて千年以上地球を先行している部族もあり、地球時間で測定すると数億、数十億、数百億、数千億、数兆年の進化を先行している部族もいます。ですから、彼らの意識状態や霊的状態は見当すらつきません。そうではありますが、私たち地球人は私たちに与えられた自覚の道を熱心に行かねばなりません。

第七章　私自身を愛する愛こそが最も偉大
——自主独立への道

最も実存的で、最も偉大な真理

これから話すことは、本書の中で最も大事な話であり、最高の瞑想の秘法になり得る、最も実存的で、最も偉大な真理です。

今まで私が強調してきたのは、「宇宙の中で私のような存在は私しかいない。私は他人とは決して比較にならない存在だ」ということです。ですから、ただ、ひたすら私だけを見るべきであり、すべてのことは私を通してしかなされません。お釈迦さまも、自分自身で明るく照らさなければいけない〝自灯明〟という話をされました。

私とは、本当に大事な存在です。なぜなら、私を通して、すべてのことがなされるからです。ただひたすら私を通してこそ、成すことができるのです。ですから、私が大事であることは言葉で表現しきれないほどです。では、この大事な私をどのようにしなければいけないのでしょうか。

私を愛さなければいけません。私自身を愛する、その愛ほど偉大な愛はありません。しかし、皆さんは数千、数万年もの間、自分自身を愛することがありませんでした。毎回、愛を受けるために生まれてくるものの、皆さんは一度も私自身を愛したことがありませんでした。他の人に花をあげはしましたが、自分自身に対して花をあげた人はいませんでした。

ロマンチックに花を一輪買って鏡を見ながら、「本当に私はあなたを愛している」と言い、花を胸の前に置きます。これは本当に大切な行為です。すると、私は感動します。そのようにして、私は私の愛を通して新しく生まれなければいけません。その誕生の過程がなければ、その次の過程もありません。

私を愛するというのは、私のすべてを愛さなければいけません。今の私を愛することができなければいけません。じっと静かに考えてみてください。このような顔、このような姿、このような私の状況など、今の私を完璧に愛することができるでしょうか。

そのようなこと全部に拘束を受けることなく、今の私、現在の私を完全に愛することができなければいけません。それが本物の愛です。これほどまでに大事な過程はありません。

私が私の愛を本当に受け入れると、そのときから感動が湧いてきます。今まで知っていた世界とはまったく別の世界が始まります。私に対する愛が深まれば深まるほど、完全に変わるようになっています。ただ私を愛する、それだけでいいのです。私を愛すれば、すべてのことがたやすくなります。許すこともたやすくなります。

愛というものは、私自らが私自らを愛して、愛の花が咲き、それが溢れ出てこそ他人に与えることができます。私の中に愛がないのに、どうして他人に与えることができるでしょうか。

今まで皆さんは誤解してきました。自分の中に愛がないのに、愛という言葉を使い過ぎました。そして、すべての人たちは嘘つきになってしまいました。奪おうとだけして、受けようとだけして、言葉だけの表面的な愛でした。計算ずくの愛であり、実際に愛が行き交うことはありませんでした。ですから、「愛を受けた」と言っても、愛を受けたような気がせず、「愛を与えた」と言っても、愛を与えたような気がしなかったのです。

今日キスをして、明日キスをして、毎日毎日キスをしても、それは真の愛ではなかったため、ハートが空しかったのです。私の中に愛がなかったからです。それほどまでに皆さんは、私自身について、そして私に対する愛について感じたことがなかったのです。「私が私自身を愛する」とはどういうことか、わからないのです。

幸せという言葉はよく使われますが、今からは「他人を幸せにしてあげる」というような言葉は使わないでください。「私自身を幸せにしてあげる」という言葉を私自身に対して使ってください。そして、私自身に聞いてみてください。「私があなたを幸せにしてあげるかられ。どうしたら、あなたを幸せにしてあげられますか？」

そうしたら、私は何と言うでしょうか。「私は〇〇が欲しい。私は〇〇を願っています」と言うでしょうか。いいえ、次のように言うでしょう。「私はあなたの愛さえあればいいのです」

男女の愛も、言葉ではそのように言います。一瞬であったとしても、次のようにお互いに言い合います。「あなただけいてくれたらいい」「愛だけあればいい」、まさにそれなのです。

すると、すべての状況が変わっていきます。私の、私に対する愛が始まるのです。その次に起こってくる出来事は皆さんの想像を絶しますが、今は予測することができません。最も偉大な愛、私自身を愛すること、それを一度もしたことがないからです。しかし、今はそれをしなければいけません。その過程を経ない限り、その愛に陥ってみない限り、決して到達することはできません。たとえ強制的であっても愛に陥ってみなければいけません。私について考えてみましょう。そして私を感じてみてください。私のために何をしてあげるべきでしょうか。一生懸命にお金を稼いであげるべきでしょうか。私が願っていることは何でしょうか。真摯に自分に向き合えば自然と出てくるはずです。「私は、あなたの愛さえあればいい」と。

ここまで、皆さんに最高の瞑想の秘法を授けました。それが神様に行く道です。神様と出会う前に、皆さんは再び生まれなければいけません。どのような存在として生まれなければいけないのかというと、私自身の愛にどっぷり浸かる存在としてです。そのような誕生の過程を経てこそ、皆さんは神様への道へと到達することができるのです。

花屋に行って花を買う。花を買うのがためらわれたなら、道端に咲いている花を一輪摘んで、鏡を見て、私自身に花を捧げてみてください。「今から、私の愛を受けてください。本当に私があなたを幸せにします！　どうしたらあなたが幸せになるのかを私が今から努力して研究します」。そのようにして私との対話を始めるのです。そして、愛に陥るのです。

この話を真剣に大事に受け入れてください。これは唯一の道です。すべてのマスターや偉大な存在たちはこの道を行きました。彼らは自分自身との愛の関係に陥ったのです。そして、到達することになりました。私との愛が始まれば、すべてのことが可能になります。

皆さんは愛を受けるために生まれてきた人たちです。ですから、私を愛してあげてください。その愛という意味を、もう一度真剣に受け取ってください。私自身を幸せにする方法、それをまず考えてください。「どうしたら私自身を愛することができるか」に対して終わることなく努力をするのです。そうしたら、「私の願っているものが何か」を教えてくれるでしょう。それは決して難しく、難解なものではありません。とても簡単ですが、大事なことです。「私は愛だけを願っているのです」、そのように言うはずです。そうすると、すべての謎は解けていきます。あらゆる心配、気がかり、ストレスは存在し得ません。愛に陥ったのに、何が問題になるでしょうか。それがすべてです。それが終点です。それが頂点です。まずは、愛に陥ってみてください。

この世で最も偉大な真理は、私自身を愛することです。その愛こそが最も偉大です。私を愛する愛ほど偉大な愛はこの世に存在しません。皆さんがこの真実とその意味を吟味することを願います。

外部に頼らず、犀の角のように独りで行く

私が強調したいのは自主独立です。自立、自立、自立しかないのです。お釈迦さまがおっしゃったように「犀の角のように独りで行く」のです。仲間が助けてくれるでしょうか。あり得ません。仲間に頼る必要もありません。考えの錯覚の中で生きていてはいけません。どの誰も私を助けてはくれません。助けにもなりません。私、独りしかいないのです。このことを念頭に置いて、精神をしっかり持って悟り続けるのです。ずっと続けて自覚し続けるのです。自分自らでやるのです。外部に頼ってはいけません。外部から影響を受けないようにするのです。ただひたすら自分しかいないのです。この私しかいないことに気づいて、ひたすらずっと、私の中に入っていくしかないのです。

「誰かから傷を受けました」「私はあの人がいなくてはなりません」と言い、気を失ったように生きていてはいけません。それはただ私の考えに過ぎません。私の考え、感情というものの正体はライターの炎のようなものです。しばしの間、火花が散るだけです。それを深く悟ってみてください。洞察してみてください。

私しかいないのですから、どこの誰も助けにはなりません。私が強くならなければいけないのです。私自らが強くなるためには自覚しかありません。ですから、ずっと続けて自分を目覚めさせていき、完璧な自分の正体性を見抜いてこそ、それが唯一、私の力になるのです。どこの神さまも助けになりませんし、横にいる仲間や家族は話になりませんし、そのようなものに頼る必要もありません。

これ以降は、もう一度しっかりと気持ちを立てるのです。「私しかいないんだな。いつも誰かに頼ろうとしたり、依存しようとしているな。ハラハラすることが起こると、急にお釈迦さまやイエスさまに祈るようになっているな」、そのような依存する心を見直さなければいけません。お釈迦さまやイエスさま、師匠を探すのではなく、それよりも強力な、私を守ることもできる自覚を信じて、自覚をするのです。それしかないのです。

それがまさに「犀の角のように独りで行く」という言葉の意味です。どのような事柄にも影響を受けることなく、どのようなものにも依存してはいけません。それはどのくらい恥ずかしいことであり、不自由なことでしょうか。

「私が誰かから苦痛を受けた」というようなことが話になるでしょうか。それこそが夢の中の水の泡なのです。夢の中の水の泡ならば、何をすべきでしょうか。いつ泡がはじけるかわからず、いつ死が訪れるのかわからないのです。

私と死は常に一緒にあります。私は死と一緒にいるのです。それを悟ったら、愚かにボーッと生きていてはいけません。「夢の中の水の泡」「夢幻泡影のごとし」ということを悟り、人生の無常を悟って、何が価値ある生き方なのか、何が意味ある人生なのか気づかなければいけません。

強くなるために努力しなければいけないことは何もないのです。いつも私を弱くさせ、萎縮させている比較や依存をなくしさえすれば、私は強くなるのです。私自身を救うことができるのは、ただひたすら私の自覚しかありません。

どこの誰も私の助けにはなりません。どこの誰にも依存してはなりません。このように私自らが強くならなければなりません。そのようにするためには自覚をして、自分を弱く作っているものを除去していくのです。

今はもう、私が強くならなければいけません。私を弱くするものを全部追い払ってください。そうしてこそ、私は独立することができるのです。独立してこそ、私は何かをすることができるのです。

生きているエネルギーの七十～八十パーセントは依存です。その上、外部からの影響を受けています。外部から影響を受けていて、外部に依存している状態なのです。ですから今、生きる方法を変えるのです。

どこの誰からも影響を受けることなく、どのような状況からも影響を受けることなく、どのようなものにも頼ることなく、どのようなものにも依存しない――。

自主独立

犀の角のように独り行く

このことだけを念頭に置いてください。

皆さんにとって、これが唯一の道です。

究極の私とは、神としての私に到達すること

この地球上には人間だけではなく、多様な存在が共にいます。しかし彼らも、人間自らが

歩んでいく旅程に関しては、侵害や介入ができないことになっています。進化した存在がいるからといって、進化した存在の力やその知恵によって同じように進化できるかといえば、そうではないのです。進化することはただ自分自身の役割であり、自分のことだけ行っていくのです。自分が努力すべきであり、自分を信じなければならず、自覚を通じて自らが目覚めてこそ、成長を遂げることができるのです。

師匠や他の存在は、このようなことを教えることはできます。しかし、これも人間の進化を直接手伝っているということでは決してないのです。この話を聞いても特に関心がなかったり、ただの雑談くらいに考えるのであれば、それまでです。自身が自ら努力しなければ、成長も進化も起こり得ないのです。

一人一人が変わらざるを得ないのです。変化できる唯一の方法は自覚しかありません。自らのアイデンティティに目覚めて、私という存在がいかに偉大であり、いかに完全であり、愛に満ちて、知性に満ちて、偉大なる光の子供であるということ、偉大なる太陽こそが私の本質であるということ、そのように自分自身の身分が明らかになれば自然と正しい進化の道を行くことになるのです。ですから、ずっと自分自らを目覚めさせ続けていかなければならないのです。

何らかの修行や瞑想、そういう外のもので自分が変わるなどとは考えず、私自身が気持ちを固め、自分自身がしっかりした気持ちを持って、ずっと目覚め続けていくのです。不必要な欲望や考え、観念で、引き続き自分をずっと苦しめて、自分をずっと閉じ込めるようなことはやめるのです。

私を束縛するのはやめましょう。気持ちをしっかりと固めて、そのような考えや感情の奴隷になるのをやめましょう。偽物の影響を受けなければ、本物の私が真の私自身を見つけ出し、自分の人生の主人公となり得るのです。決して難しい過程ではありません。行くべき道を自らで発見しなければいけません。

他人に「道はどこにありますか」「道はどのように行ったらいいですか」と尋ねるのではなく、自らで行くべき道を発見しなければいけないのです。誰かが代わりになって行ってくれる道ではありません。私だけが行く道です。ですから私自身で道を設定して、自らでその道を行くのです。

始まりと目的地はどこにあるのかというと、始めの出発点も私であり、目的地も私です。出発点の私は人間としての私ですが、目的地に到達するときには神としての私に変貌しているはずです。私から始まり、結局は私に至る旅程になりますが、その道はただ私だけが行く道であり、私の究極に至るのです。さらに究極の私とは何かというと、神としての私に到達することです。

輪廻に終止符を打って卒業する

この険しい世の中を変化させるための方法が一つあります。それは唯一の方法ですが、この世を卒業することです。転生に終止符を打って、もう輪廻しないということです。世の中は決して変わりません。ですから、私が世を去ることが答えです。いつか遠い未来には世の中も変わることでしょう。しかし現在、私たちが生きている世代では成し遂げられません。したがって、実存的に私たちは現在の時点で私たちの行く道を探して、その道を行かなければなりません。その道がまさに卒業なのです。

たとえ二万回、三万回の落第を繰り返していても、卒業は不可能なことではありません。それぞれ個人的な紆余曲折の末、ついに卒業クラスに入ってきているからです。卒業をするための条件はありません。卒業に関する試験もありません。ただその人自身が卒業を決め、願いさえすればいいのです。けれども、そのための私の心は率直でなければなりません。必ず自分自身が納得しなければなりませんし、受け入れなければなりません。

私は、現在の私を完全に受け入れる
私は、私自身の存在を完璧に受容する
さらに私は、現在の私のすべての状況を認め、満足している
私において、ここにもうこれ以上は存在しない
世の中にもうこれ以上望むことはなく、世の中にもうこれ以上要求もしない
私は充分だ、満足だ、愛している
そして、心の奥底から湧き出る感謝の祈り

これがすべてです
そして……

卒業です

この次に生まれ変わってくるかどうかは、すべて皆さんにかかっています。それは法則でもカルマでもなく、皆さんの選択にかかっているのです。

皆さんがこの物質世界において、「まだこれをやりたい」という未練があって、もう少しここにいたいという欲望や欲求が残っていると、宇宙の法則は皆さんの願うようにしてあげようとします。

それが成されようとも成されなくとも、そのチャンスをくれるのです。

この世で最も意味があり価値があることは、自覚と悟ること

私は今、この世に存在しています。

私は今、この世を生きています。

私に人生が与えられたのです。

その理由は生の意味を探すためです。

「人生の価値は何なのか」を知るためです。

人生の意味と価値は、富貴と栄華にあるのではありません。

権力と名誉にもありません。

愛と犠牲と奉仕と献身にあるのでもないのです。

数百年、数千年の度重なった人生を生きても、このようなことを追求する生では、何の価値も意味もありません。

この世で最も価値あることは、悟ることです。

この世で最も意味あることは、自覚することです。

この真実中の真実を洞察しなければなりません。

世の中にはわずか一年しか育っていなくても、樹齢数百年の松より背の高い木があり、すべての木々が存在する森を眺めています。わずか数日を生きただけで、数百年這い回る亀を尻目に山を駆け回るウサギがいます。

自覚と悟りは、このように数百、数千、数万年の陳腐な輪廻の輪を超えることなのです。

この世で最も意味があり、価値があることは自覚と悟ることです。

意識を拡大し、神に至る偉大なストーリー

はるか昔、私の意識は爪に留まっていました。爪は私のすべてであり、私の人生でした。私は私の人生を権力、富、名誉というバラ色に染めたくて、それで爪にいろいろな色を塗ろうとしました。

一つの色を持てば、すぐに他の色を持ちたくなります。その欲のために、私は休むことな

く色探しに没頭しました。絶え間なく生命のエネルギーが与えられるので、爪はずっと伸び続けました。私にとって重要だったのは爪が伸びていく生命力の神秘ではなく、爪を美しく飾ることだけでした。それで私は、私の美しさへの欲望を満たすために、私の生命力を自ら切っていきました。爪が伸びている間は、爪の垢というストレスが絶えず私に付きまといましたが、それもやはり欲求の身代わりになったまま、生命力とともに切られていきました。

このように、爪のような私の生は輪廻を繰り返し、数限りなくたくさんの人がまた自分の意識を爪に留めたまま、一つの生を浪費していきました。

しばらくして、私の意識は指に留まりました。私の意識はいつの間にか、指の先についている爪の限界と虚妄を見るようになり、他の指とその指ごとについている爪を見て、他の次元の神秘と好奇心に関心を寄せるようになりました。そのように多くの生を、神秘と未知に対する夢を見ながら生きていました。

そして多くの時間が流れてから、ようやく私の意識は手に留まることができました。そこには理解と知恵の時間がありました。私は私の意識を幅広く理解することができ、理解によって、それを自由に使うことができました。私は私の指を利用して創造を成し遂げ、創造を経験し、創造に新しい変化を与えることができました。知ることの喜びと歓喜が私とともにありました。

そしてあるとき、私は腕の意識に到達していました。私は二つの腕という相対性を通して創造の真なる形態と姿を見ることで、全知で全能の創造主の力を十分に感じることができ、その力を享受するようになりました。世の中に羨むもののない創造主の地位が私にありました。

そしてある日、ついに私の意識は頭に到達したのです。

神秘の中の神秘――。

そこでは、まさに自由が超然として待っていました。誰の支配も受けない、そして何でも選択できる、そのすべてのものの完璧な主人が、まさに私だったのです。

私は絶対的なしじまと静寂――。

そして完全な沈黙の中に留まることもでき、創造と消滅という変化の躍動感に飛び込むこともできました。

そうだ！

私は何でも選択できる、自由、それ自体だったのです。
そしてついに、それを探し当てたのです。

あとがき

私たちがゲート氏の弟子になって十二年がたちます。ゲート氏とともに過ごさせていただいたこの期間というのは、自覚を日々積み重ねてきた修練の年月であり、本当の自分（本性）を取り戻して、魂を救済し、解放してきた時間でした。ゲート氏と出会っていなければ今の自分はいないことがはっきりわかります。最初は誰もが本当の自分がわからないので、迷いながら歩むことになるのですが、諦めずに自覚を続けることで、いつの間にか本当の自分に目覚めてきていることに気づきます。ゲート氏とともに過ごさせていただくほどに、肉体を持って存在する必要のない偉大なマスターが、わざわざ肉体を持って共に存在してくださっていることのありがたさが骨身に染みてきます。

私たち人類の意識をはるかに超越した観点からのお話は、時に奇想天外で常識外れに聞こえ、それゆえに誤解を招くこともあり、理解し受け止めるのに時間がかかることがあります。また、残念ながら表面的な理解で終わってしまい、神髄まではわかり得ないことが多いです。自覚を実践すればするほど、すべて真実であることが明白になってきます。これは情報や知識を得るだけでわかることではなく、実践し、体験した人にしかわかり得ません。

本書は、ゲート氏が主宰する101キャンドルライトに在籍している弟子に向けての講話や、オンライン上の掲示板に書かれた文章を編集してまとめたものです。特に北軽井沢にある101キャンドルライトの禅センターにて、世俗を手放し出家している弟子たちに向けられていますので、悟りを真剣に求めていらっしゃる方にとっては実践的な内容となっています。

私たちはこの貴重なお話や経験を自分たちだけに留めておくことはできず、人類の叡智として、多くの方に触れていただきたいという思いで本書にまとめました。自分自身の本性を明らかにしていく過程は、自分で限界を作らない限り終わりがありません。本書を読んで一念発起し、一人でも多くの方が自覚を実践し、悟りの道へと邁進されますことを願っております。

歩みが遅い弟子に対して、師匠として忍耐強く導いてくださっているゲート氏に、この場をお借りして感謝申し上げます。また、101キャンドルライトという共同体がなければ、ゲート氏の叡智を受け取り続けることはできませんでした。この共同体を支えてくださっている運営委員長の龍樹さんをはじめ、通訳をしてくださる田邉文さん、禅センター長の北川善雄さん、共に道を歩んでくださっている日本の弟子の皆さま、そしてこの共同体の礎を作ってくださった韓国の先輩の弟子の皆さまに感謝申し上げます。また本書の意義を理解してくださり、快く出版してくださったナチュラルスピリットの今井博揮社長、編集してくださった村山久美子さんに感謝申し上げます。

ドルフィニスト篤
ドルフィニスト綾子

プロフィール

ゲート（Gate）

1960年韓国ソウル生まれ。真の覚者。人々の人生を抜本から変え続ける宇宙的な大マスターでありながら、明快愉快豪快、常識的で思慮配慮に富むと慕われ、多くの人を魅了している。

幼い頃からの無数の霊的体験、多くの禅師や道人との出会いを経て、27歳で私自らの内にすべての神秘があることを悟り、大自由を体得。天賦の才と徹頭徹尾な修行を通して培ったその能力と慧眼により、韓国の瞑想界に新風を巻き起こした。

悟りの道を広く伝えるため、2013年、日本において「101キャンドルライト」を設立。「霊魂の成長に終わりはなく、永遠に進まなければならない段階が常にある」として、「一切唯心造」の真理と徹底した「自覚実践」を教え、人々が自らで自身の正体性を悟り、自らに目覚めることができるよう、導き続けている。著書に『悟りの錬金術』(ナチュラルスピリット)などがある。

https://101candle.jp/

ドルフィニスト篤／ドルフィニスト綾子

Dolphinist Academy、Dolphin Lovers Association Japan　主宰。イルカのスピリットから受け取った叡智をもとに、イルカのように生き、目醒めた人「ドルフィニスト」を提唱。ゲート氏より見性を印可（悟りを開いたと認められる）。講演などを通じて人々を悟りに導いている。クジラ、イルカの命を守るための署名活動を全国で行う。著書に『悟りハンドブック　〈私〉を思い出すこと、それが悟りです！』（ナチュラルスピリット）、『誰も教えてくれなかった目醒めのヒミツ』（ビオ・マガジン）など。映画『愛の地球（ホシ）へII』（海響プロジェクト）に出演している。

https://dolphinist.jp/
https://dlaj.org/

自覚の錬金術

「真の私」へと至る道

●

2025年1月23日　初版発行

著者／ゲート（Gate）
訳者／田邉 文
監修者／ドルフィニスト篤・ドルフィニスト綾子

装幀／福田和雄（FUKUDA DESIGN）
イラスト／須王 彩
編集／村山久美子
DTP／三協美術

発行者／今井博揮
発行所／株式会社 ナチュラルスピリット
〒101-0051 東京都千代田区神田神保町3-2 高橋ビル2階
TEL 03-6450-5938　FAX 03-6450-5978
info@naturalspirit.co.jp
https://www.naturalspirit.co.jp/
印刷所／モリモト印刷株式会社

ISBN978-4-86451-502-3 C0010